내 이름을 리부팅해야 할 이유

.

내일은 내일의 해가 뜬다.

직장생활 한 지 얼마 안 된 시기에 그만 발목을 크게 다쳐 직장을 그만두게 된 여기자가 있었다.

그녀 나이 26세 한참 일을 할 시기에 일할 수 없다는 생각에 인생이 무너지는 아픔을 추스르고 그녀는 소설을 쓰기 시작했다.

처음 쓰는 소설이라 어려움이 많았지만 꿋꿋이 인내하며 소설 한 권을 쓰는데 무려 10년이란 세월을 보냈다.

볼품없는 졸작이었지만 그래도 그녀는 자신감을 가지고 용기를 내어 다 쓴 원고를 들고 이곳저곳 출판사를 찾아다닌 지 3년여 작가도 아닌 풋내기가 쓴 소설을 출판사에선 쉽사리 거들떠보지 않았고 그 누구도 읽어보려고 하지 않았다.

나중에는 원고가 다 헤어져 너덜너덜했지만 포기하지 않고 또 다른 출판사의 문을 두드렸다.

발품을 팔면서 돌아다닌 그녀는 자기 소설을 읽어줄 출판사가 분명 있을 거라고 믿었다.

어느 날 유명출판사 사장이 비즈니스로 출장을 떠난다는 소리를 듣고 그를 만나기 위해 사장의 출장 가는 기차역으로 향했고 기차를 타기

전 그에게 "사장님 여행하시는 동안 이 원고를 한 번만 읽어주세요"
라고 하며 간곡히 부탁하였다.

사장은 사정하는 그녀의 원고를 마지 못해 받아들어 가방에 넣고 출
장길에 올랐다.

그리고 그는 일정이 바빠 원고를 까맣게 잊었다.

출장을 마치고 집에 도착했는데 어디서 전보 한 통이 와 있었다.

기차역에서 만났던 그녀의 전보였다.

「원고를 꼭! 한 번만 읽어주세요.」라는 전보 내용이었다.

그는 대수롭지 않게 여겼고 몇 달이 지나 또 한 통의 전보가 도착했다.

또 그녀의 전보였다.

「원고를 꼭! 한 번만 읽어주세요.」라는 내용이었다.

사장은 기차 정거장에서 간절히 부탁하던 그녀 얼굴이 생각나서 너덜
너덜한 원고를 가방에서 꺼내 읽기 시작했다.

원고의 첫 장을 열었다.

그녀 원고는 어느새 여러 장을 넘기고 있었고 사장은 그 소설 속으로
깊이 빠져들었다.

그는 그 글을 출판하기로 마음먹고 출판을 냈는데 놀랍게도 그녀의
소설이 하루에 5만 부나 팔려나갔다.

1936년이었는데 당시로선 엄청나고 굉장한 사건이었다.

그 소설은 이듬해 1937년 퓰리처 작품상을 수상받게 된다.

그 소설의 내용은 남북전쟁 당시 자신의 이상을 추구하며 폐허 속에
서도 꿋꿋하게 살아가는 남부 귀부인 스칼렛 오하라의 연기가 매우
돋보였던 작품으로 마거릿 미첼 원작 「바람과 함께 사라지다.」이다.

뒤늦은 꿈이 가져다준 기쁨

통성명할 때마다 사람의 귀를 의심하게 하고 드러나지 않은 웃음거리 이름이 있다.

세상의 놀림감으로 때론 여러 가지 이유로 바꿔 보고 싶은 이름, 그러나 쉽지 않은 것이 이름이다.

탐탁지 않은 이름으로 원망의 골을 넘어 아예 체념하고 살아온 지 오래, 필자의 이름 역시 예외는 아니었다.

하필이면 내 이름을 왜 이렇게 지었을까?

신앙(信仰)의 힘으로 치부하고 살아왔지만 사람을 만나면 여전히 통성명하기 싫은 이름이었다.

이름의 중요함을 알고 개명을 하고 자존감을 되찾으려고 참 많은 노력을 했다.

이름이 도대체 인생에 어떤 관계가 있을까 그리고 내 삶에 어떤 중요한 영향력을 미치나?

부모님이 지어준 그 이름은 내 자신이 알지 못했던 그 이름대로 살아왔고 살아가고 있음을 알았다.

삶을 바꿀 수 있는 이름 너머의 과학적 원리를 발견한 이후 나는 작명 과정에 집중해서 자격을 취득하고 전문작명가로 발돋움할 무렵 코로나19는 작명학 연구의 깊이를 더해가게 하는 시간이었다.

세상에 보이는 모든 이름과 건물 벽에 걸려있는 간판의 상호에 이르기까지 모든 이름 들은 실험대상이었고 지나가는 자동차번호판과 전화번호 심지어 영수증을 비롯한 모든 숫자는 지식 응용을 위한 필수 먹거리였다.

습작 노트에 공식을 대입하고 밑줄을 긋고 고민하고 머릿속에 온통 그것으로 가득 하여 깊이 빠져들면 들수록 더욱더 선명해지는 꿈같은 아니 꿈의 날 들이었다.

2021년 네임코칭아카데미 나우리턴을 창업하고 지식기반창업프로젝트 네임메이크아카데미 실전과정과 네임코칭아카데미 응용과정의 온 · 오프라인 강의를 진행해오고 있다.

韓範洙流 大笒散調論 숙제가 풀리다.

대금이라는 악기를 필자에게 전수해주신 한범수(韓範洙) 옹은 대금뿐만 아니라 해금의 명인이셨고 공자의 예와 악을 중시했던 한학자셨다.
그의 산조 악보집 서두에 실린 산조론 은 동양철학과 사상을 이해하지 못하면 접근하기 어려운 난해한 내용이었다.
대학 시절 학보사 편집부에 선고(選考)되어 잘난척했던 필자의 산조론은 참으로 스승께 들었던 이야기를 알량하게 정리하고 베껴놓은 부끄럽기 그지없는 졸 글이었다.
성명학의 동양철학 사상과 원리는 한범수류 대금산조론 四調에 나타난 음양과 오행, 그리고 율의 강약, 고저, 장단의 상관관계를 이해하는 데 많은 도움이 되었다.

갈매기 꿈이 가져다준 꿈

리처드 바크의 단편소설 「갈매기의 꿈(Jonathan Livinston Seagull」을 참 오랫동안 읽고 또 읽었었다.

구태의연한 사고를 벗어나기 위해 부단한 노력을 하면 새로운 가능성이 열릴 뿐만 아니라 목적한 꿈을 실현시킬 수 있다는 깨달음과 신념을 주는 책이었다.

자신의 한계를 넘어 날아오르는 걸 배우는 조나단처럼 불확실성의 확신을 신뢰하고 암시적 선언으로 이루어짐을 믿고 있다.

신념이란 아직 실현되지 않은 일을 절대적으로 믿고 불확실성을 확신하는 것이기 때문이다.

비행기 조종사로 영화 스턴트맨으로 비행 잡지사 편집자로 비행교관으로 다양한 직업을 가지고 살아가던 어느 날 그는 해변을 거닐다가 공중에서 들려오는 갈매기 소리를 듣고 영감을 얻어 곧바로 글을 쓴 것이 바로 「갈매기 꿈」이다.

시와 소설로 베스트셀러 작가가 되기까지 자신의 열망을 믿고 확신했던 리처드 바크. 어찌 보면 그의 삶이 나의 삶에 오버랩된 것처럼 소름 돋는 공통점을 발견했다.

시화전에서 입상을 하고 대금연주자로 국악 교사로 그리고 작명 연구에 미쳐 작명가가 되어 단행교재를 쓰고 한계를 뛰어넘기 위해 부단히 노력해온 결과를 확신하고 신뢰하고 있다.

우리 앞에 너무 힘들고 고단한 삶들이 우리를 여전히 가로막고 있는가? 그러나 그건 삶의 지나쳐가는 과정일 뿐 결코 포기의 삶은 아니다. 모든 사람은 축복 속에 태어났고 그 어느 누구도 잘못 태어났거나 잘못된 삶을 살아가선 안 된다.

다만 내 이름과 삶의 의미는 주어진 운명이 아니라 스스로 책임지고 극복해야 하는 자신의 과제이다.

값진 뜻을 담아 부모님께서 지어주셨던 자신 이름에 무언가 거리낌이 있는가?

내 인생 삶을 담고 평생을 함께해 가야 할 내 이름은 정말 좋은 이름인가?

「이름은 옷이고 의복이다.」라는 말이 있다.

「옷이 날개다.」라는 말처럼 우리가 어떤 옷을 입는가에 따라 생각과 행동이 달라진다.

멋진 신사복이나 정장을 입고 일하는 현장에 가는 경우가 없고 연회장에 가기 위해 입은 연미복이나 드레스를 입고 주방에 들어가서 일을 하진 않는다.

이름은 옷과 같아서 자신에게 꼭 맞는 옷이 필요하며 좋은 이름은 그 사람의 좋은 옷이 되는 것과 같다고 볼 수 있다.

이름은 존재의 축복이기 때문에 이름대로 살아가는 그 이름에 만족하지 못한다면 반드시 개척하기 위한 자기의 고민과 노력이 필요하고 좋은 이름이면 이름대로 이름값을 하는 것이 인간의 도리이고 가치이다.

침대가 과학이란 광고의 말이 있듯 이름도 분명 과학이다.
우리 이름이 호칭 너머 이름의 뜻한 바 의미를 이루지 못한다면 이름
으로서 의미가 없다고 볼 수 있다.

꿈을 이루지 못하는 꿈은 허상이고 소중히 지어진 이름 역시 뜻을 반
드시 실현할 수 있어야 좋은 이름이 된다.

이 책은 명리학의 깊은 원리의 이해가 부족하여도 내용을 자세히 이
해하고 적용하면 좋은 이름을 누구나 지을 수 있는 실사구시(實事求
是)작명법이다.

독자 모두가 원리와 방법을 잘 터득하고 좋은 이름을 지을 수 있는 작
명의 길라잡이가 되길 바라고 기쁨으로 행복하게 살아가길 기도한다.

● 차례

● 이름은 불러줄 때 이름이 된다

시인 김춘수는 「꽃은 꽃이라고 불러줄 때 비로소 꽃이 된다.」고 했다.
그럼 나는 누구인가?
나 역시 「나의 이름을 불러줄 때 비로소 내가 된다.」
꽃은 꽃으로서의 의미와 가치를 갖고 있고 꽃으로 불렀을 때 가장 아름답듯 사람 역시 의미와 가치를 담고 불러줬을 때 그 존재로서 가장 빛나게 된다.

뇌과학에서 말하는 이름은 두뇌가 의식하지 못할 뿐 표식 이상으로 이름이 가진 속성에 수많은 영향을 받는 존재라고 했다.
이름으로 존재하는 인간은 그 이름의 가치와 의미로서 죽어서도 이름으로 기억되고 남는다고 했고 신은 우리 인간에게 이름을 통하여 수많은 능력을 주셨으며 다스리고 누리는 축복의 통로로 나아가 선한 영향력을 행사할 귀중한 존재로 축복하셨다.

말의 의미나 관점에 따라 추구하는 방향이 다르듯 인간은 인간으로서 인간다움을 추구하며 살아갈 때 더욱 인간다워지고 존재의 이름 또한 의미와 가치를 명확하게 인식할 때 삶의 태도나 행동이 달라진다.

인간이 인간 존재로 인간답게 살지 못하고 우리 삶과 인생 모든 것을 상실한 시기가 있었다.

그건 일부의 시간이 아니라 우리 민족의 부끄러운 치욕이었으며 지금도 유수 같이 흐르고 있는 슬픈 우리 자화상이다.

일제강점기 일본은 우리 말과 글뿐만 아니라 우리 이름을 유린하기 위해 창씨개명을 획책하였고 아예 송두리째 말살하기 위해 1939년 씨명제를 감행하였다. 또한 일본은 우리 민족정기를 끊어내기 위한 각가지 술수와 함께 종교법인 구마사키겐오의 오성각 작명법을 통해 우리 이름의 본질을 바꾸기 위해 극악한 주도적 역할을 해왔다.

2010년 MBC에서 방영된 「우리 이름의 가는 길을 묻다.」는 우리 이름을 바꾸면서까지 이름의 의미와 가치를 무너뜨리려 했던 일본식 작명법의 오점을 바로잡기 위해 다각적으로 조명되었던 내용이었다. 「우리 이름의 가는 길을 묻다.」가 시사하는바 현재 우리는 이름의 많은 근본적 문제점을 진단하고 회복해야 하는 숙연의 과제를 안고 있다. 무엇이 잘못되었는지 인지(認知)의 잘못을 별것 아닌 것처럼 여기고 흘려버리고 지나쳐버리면 그것이 진실인 양 후손에게 그대로 내려갈 것이 타는 불 보듯 뻔하다.

대구 수성구에서 열린 임산부 육아교실 강연에서 자녀를 낳으면 이름을 어떻게 지을지 조사하였다.

예비 엄마 약 600여 명 중 5~6명을 제외한 모든 사람이 한자의 의미를 두고 짓겠다고 답을 했고 또한 자녀를 낳으면 이름을 직접 짓겠다는 답변보다 약 90%가 작명소를 통해 이름을 짓겠다고 답을 했다.

약 90%가 작명소를 통해 이름을 짓겠다고 답을 했다면 대다수 작명소에서 이름을 짓는 수리 성명학이 무언지 정도는 꼭 알고 이름을 지어야 하지 않을까?

지난 우리 역사 속에 오점이 깊이 배어있는 잘못된 작명법을 올바로 볼 수 있는 지혜와 우리가 그 이름대로 인생을 살아가고 있는 본연의 판단이 필요하기 때문이다.

이름은 생리적 배고픔의 간절함이나 타는 목마름처럼 급급한 것이 아니기에 쉽게 생각하고 단순히 지나쳐버리는 것이 안타까운 사실이다.

우린 먹거리를 구입할 때 이 물건이 어떤 유통 경로로 들어왔고 내 몸에는 유해한 건지 아닌지 따져보고 구입하게 된다.

손쉽게 구할 수 있고 그럴싸하게 포장되었다고 유해한 걸 판단하지 못하고 덜컥 선택하는 것처럼 어리석은 일은 없다.

무작정 작명소에 찾아가 내 아이의 모든 걸 맡기고 지었던 이름에 따른 결과를 알지 못하는 무지가 있어서는 안 된다.

그럴 바엔 부부가 진중하게 고려하고 당신들이 근본 정체성을 담아 좋은 뜻으로 직접 작명해주는 편이 훨씬 바람직하다.

이름이 평생 자신 스스로가 책임지고 함께 가야 할 소중한 존재의 가치로 여긴다면 함부로 대해서도 안 되고 함부로 지어서도 안 된다.

이름은 본인의 미래인 동시에 더없이 사랑해야 할 자신임을 자각할 때 비로소 온전한 내가 되며 자신을 드러내는 자존감의 동력을 만들 수 있기 때문이다.

삶의 변화 생명력의 이름

부르는 이름 너머 이름의 가치

그리스 철학자 소크라테스는 "너 자신을 알라"고 하였는데 이 말은 어떤 의미일까?
너 자신을 알라는 말을 하였지만 어떻게 알아야 하는지 방법이나 해법은 제시하지 않았다.

자신의 존재 의미를 깊이 깨달아 인생의 삶과 모습을 달리하란 뜻일까? 아니면 단순히 자신을 되돌아보는 것 너머 자신이 알고 있는 것을 더 명확히 확인하고 증명하라는 의미를 담고 있는 것일까? 아무튼 이 경구는 포괄적으로 많은 생각을 하게 하는 말이다.

평생에 세상의 많은 것도 알지 못하고 떠나는 게 인생인데 어떻게 자신을 알고 확인하고 증명할 수 있을까?
자신의 존재를 알기 위해 끊임없이 질문하고 고민하는 꼬리의 주체가 바로 「이름」이다.
세상에 태어나 귀하고 소중하게 여김을 받고 그 존재로서 가치 있게 사는 것은 인간의 이치이고 도리이다.
다양한 관계 속에 서로의 존재를 인지하기 위해 부르는 이름은 그 사람의 대표적 표식이고 포괄적 영향력을 행사하는 존재의 의미이다.

불가에서는 명전기성(名詮其性)이라 하여 「이름에 모든 게 있다」고 했고 유가에선 정명순행(正名順行)으로 「이름이 바르면 하는 일이 순조롭다」고 했으며 성경(전 7:1)에는 「아름다운 이름이 보배로운 기름보다 낫다」고 했다.

예로부터 이름은 자기 자신인 동시에 「가문」이었고 세상에 이름을 떨치는 걸 「효」로 여겼다고 효경에 전하며 이름은 단순한 호칭 넘어 존재이며 의미였고 삶의 목적이어서 죽어서 역사에 이름을 남기는 게 또한 「사명」이기도 했다.

단순히 그리고 막연히 지나쳤던 이름의 지력(智力) 판단은 존재감이 흔들리고 무너져가는 이 시대에 선택이 아니라 필수이다.
우린 지금 부모님의 사랑과 축복 속에 태어나 지어주신 그 이름이 평생에 얼마만큼 불려지며 그 이름에 또한 자부심을 갖고 만족한 삶을 살아가고 있는지 반문해볼 필요가 있다.

우리가 하는 말에는 견인력과 각인력 그리고 실천력이 있듯 우리 이름의 의미도 간절한 기도나 주문의 반복에 따라 견인력과 각인력 실천력을 동반하기 때문이다.

이름은 놀랍게도 이름의 만족도에 따라 좋아질 거라고 하는 자기암시의 긍정적 스티그마 효과(Stigma effect)가 나타날 수도 있고 좋아지지 않을 거라고 하는 부정적 플라세보 효과(Placebo effect)도 나타날 수 있다고 한다.

❖ 말과 소리 기운의 영향력

영국 잉글랜드 한 식물연구소에서 실험을 위해서 공원 한 구역에 한날한 시에 12그루 나무를 심었다.
같은 토양 같은 햇빛 등 같은 조건에서 12그루 나무는 그늘을 만들 만큼 잘 자라 주었고 제법 주변이 공원다워져 나무 그늘은 수많은 관광객과 산책인들의 행복한 쉼터가 되었다.

연구소 측은 어느 날 12그루 나무에 팻말을 세우고 예수님의 12제자 이름을 각기 붙여주었다.
수많은 관광객과 산책인들이 지나다니며 그 팻말에 붙은 이름을 보며 가롯유다 나무 이름이 붙은 곳을 피해서 쉼을 청했고 행여 자리가 없어서 가롯유다 나무 그늘에 자리한 산책인들은 곱지 않은 시선을 줬을 뿐만 아니라 좋지 않은 말을 한마디씩 건네곤 하였다.
어린 친구들은 손가락질을 하며 이 나쁜 가롯유다야!라고 하며 침을 뱉거나 발로 차는 경우도 있었다.
결국 가롯유다 나무는 약 3년 6개월을 넘기지 못하고 서서히 말라 죽어가고 있었다.
가장 잘 자란 나무는 베드로 나무였고 말라 죽어가고 있던 나무는 다름 아닌 예수님을 팔았던 가롯유다 나무였다.

식물연구소에선 이번에는 반대로 실험을 하였는데 베드로 나무에는 가롯유다 나무 팻말을 가롯유다 나무에는 베드로 나무 팻말을 붙였는데 어떻게 되었을까?
베드로 나무 팻말을 붙였던 가롯유다 나무는 다시 살아나기 시작했고 가롯유다 나무 팻말을 붙였던 베드로 나무는 약 5년 만에 완전히 말라 죽었다.

같은 토양 같은 햇빛 조건인데 왜 나무는 죽었을까? 나쁜 말에 의한 파동에너지를 받은 영향력이었다.
파동은 곧 보이지 않는 흐름인 동시에 힘을 가진 에너지이며 그 에너지의 힘은 기운(氣運)으로서 놀라운 영향력과 능력을 가지고 있다.

똑같은 쌍생아라도 각자 이름이 다르며 서로 다른 인생을 살아가듯 이름의 영향과 변화에 따라 살아가는 인생 역시 다른데 좋은 이름을 가지고도 그 의미와 가치에 맞는 삶을 영위하지 못하고 이치와 도리를 벗어나 그릇된 판단과 사고로 자기다움에 실패한 경우를 허다하게 보았다.

인생이 수학 문제를 풀고 영어독해 하듯 모든 게 술술 풀리는 것이 아니기에 우린 이름 내면에 숨겨진 인간다운 다면(多面)을 깊이 관찰하고 고민해야 한다.

세상에 하나밖에 없는 유일하고 소중한 존재인 「나」 그 소중한 존재는 무한한 가능성을 가지고 있으며 또한 모든 걸 이룰 수 있는 존재이기도 하다.
운명을 책임질 나를 명확히 확인하고 그 이름의 간절한 의미를 담는 기대와 노력을 기울인다면 본인이 바라는 소망의 결과는 반드시 이루어지게 되어있다.

이름이 바뀐 사람들

주체나 까닭은 다르지만 이름하나가 바뀜으로 인해 삶의 목적이 바뀌고 살아갈 이유가 달라진 것이 전해오는데 아브람이 아브라함으로 사래가 사라로, 야곱이 이스라엘로, 시몬이 베드로로, 사울이 바울로 바뀌며 그들에겐 새로운 삶, 새로운 인생이 열리게 된 것이 성경에 기록되어있다.

또한 성경에는 하나님이 인물들의 이름을 바꾸어주신 내용들이 여러 곳 등장하는데 요셉을 사브낫바네아로(창 41:45), 솔로몬을 여디디야로(삼하 12:25), 다니엘을 벨드사살로, 하나냐를 사드락으로, 미사엘을 메삭으로, 아사랴를 아벳느고로(단 1:7) 바꾸셨다.

왜 하나님은 아브람의 이름을 아브라함으로 바꾸셨을까?
히브리문화의 이름은 그 이름에 인격과 삶의 본질, 그리고 축복의 깊은 뜻을 담고 있어 이름을 바꾼다는 의미는 단순히 이름의 글자를 바꾸는 정도가 아니라 삶의 전체가 송두리째 바뀐다는 것이었다.

따라서 하나님은 대가족 족장이었던 아버지 이름인 아브람에서 여러 민족을 다스릴 열국의 아버지 아브라함으로 바뀌게 하심으로 말미암아 가문을 살리는 수준이 아니라 여러 민족 조상의 아버지가 되게 하셨을 뿐만 아니라 거부(巨富)의 축복된 삶을통한 원대한 영향력을 이루게 하고자 하셨다.

아브람이 아브라함으로 바뀐 이후 하나님은 출애굽기 34장에 지경(地境) 땅을 넓혀주겠다고 하셨고 역대상 4장에는 야베스 기도를 통해 지경뿐만 아니라 보살핌과 평강의 은혜까지 베풀어 보상하시겠다고 약속을 한다.
그리고 하나님은 아브라함에게 이름을 바꾸게 하시고 엄청난 축복을 계획하신 반면 아브라함의 인격과 삶의 변화를 위해 믿음과 순종의 여러 훈련과정 들을 요구하셨다.

창세기 12장에는 하나님께서 아브라함에게 네게 큰 민족을 이루고 복을 주며 창대케 할 거니까 「그동안 살아왔던 집을 떠나」 당신이 보이실 「새로운 땅으로 가라」는 말씀은 오랫동안 부족 족장으로 안정적 가문을 이루고 살던 그에게 갑작스럽게 삶을 정리하고 떠나야 하는 어찌 보면 황당한 명령이었음 에도 불구하고 그는 한마디의 불평도 없이 하나님의 말씀에 「순종」을 하였다.

하나님께서는 다듬어지지 않은 아브라함의 인격을 제도하기 위해 여러 우여곡절의 과정과 시험단계를 거쳐 결국 믿음의 조상과 온 민족과 열국의 아비가 되게 하셨을 뿐만 아니라 「축복의 통로」로 거부가 되게 하신 내용이 성경에 자세히 기록되어있다.

이름이 바뀐다고 인생이 달라질까? 가치와 의미 목적과 삶을 담은 인격의 그 이름이 빛나기까지 분명 이름에 걸맞은 수많은 변화와 노력에 따른 과정 들을 필요로 한다.

오성각 작명이 가져다 준 영향

경술국치 100주년 HD 특별기획 「우리 이름 가는 길을 묻다」가 방송통신위원회 지원으로 제작되어 2010년 10월 22일(금)에 대구 MBC 방송에서 방영되었다.

방송내용 중 일본의 연출가 에이메이에 의해 창씨개명을 소재로 한 연극작품 한 편이 소개되었는데 대구를 배경으로 식민지 참상을 알리는 내용으로 일본 한복판에서 그것도 일본극단에 의해서 올려진 매우 의례적인 일이었다.

창씨개명(創氏改名)은 일제강점기에 조선인의 성과 이름을 일본식으로 바꾸도록 강요한 일인 동시에 따르지 않으면 '불령선인(후테이센진)'이라고 부르며 여러 가지 불이익을 주었다. (네이버 지식백과)

일제강점기 우리 말과 글 그리고 우리 이름마저 뺏겨야 했던 창씨개명의 연극 내용은 우리 민족의 치욕적 아픔을 잘 그려냈다는 평을 받았던 작품이었다.

일제강점기 창씨개명은 우리 민족의 이름을 반년 만에 80%나 바꾸었던 인류사에 유래 없던 일이었는데 그 호기를 놓칠 수 없었던 일본 작명가들은 한자의 획수로 이름에 좋고 나쁨을 구분하던 구마사키겐오가 저술한 수리성명학[1]을 이 땅에 퍼뜨렸고 일본식 작명법인지 모르고 배워 조선으로 돌아간 수많은 문하생들에 의해 뿌리를 내리고 대다수 작명소 작명가들에의해 전해져온 수리성명학의 작명법은 안타깝게도 여전히 이 땅에서 진행 중이다.

---

[1] 1928년 구마사키겐오가 창시한 웅기식 성명학

송대(宋代) 채구봉은 팔십일명수도(八十一名數圖) 팔십일수원도(八十一數原圖)등을 써서 필획의 길흉을 창시하였는데 일본인 구마사키겐오(熊埼健熊)는 채구봉이 집필한 팔십일명수도에 주역의 건괘에 나오는 네 가지 덕인 원형이정과 삼재 원리를 활용하여 웅기성명학(熊埼姓名學)을 창시하였고 오늘날 수리성명학이 되었다. 일본에 유학했던 대만인 백혜문(白惠文)이 종교법인 오성각 일본식 작명법인 웅기성명학을 배워 중국에 전수시켰을 뿐만 아니라 그 경험을 바탕으로 웅기성명학을 비롯한 성명지 명문학, 성명학, 지오비 등 세권의 책을 저술하기도 했다.

일본식 구마사키 수리성명학의 광고(매일신보, 1940.3.16)

과거 우리 작명법은 가문의 뿌리와 근본의 정체성을 담아 좋은 한자의 뜻을 담아지었으나 일본식 작명법은 한자 획수 81 수리와 4 격을 중심으로 흉수(凶數)와 길수(吉數)를 점치는 종교법인 오성각 작명법으로 수리성명학 또는 성명판단이라고 부른다.

일본은 1939년 11월 10일 일본식 씨명제(氏名制)를 따르도록 규정하였고 1940년 2월 11일부터 8월 10일까지 성씨를 정해서 제출토록 했으며 해방이 되는 해까지 창씨개명을 진행하였다.

그리고 조선인 남자들은 일본의 강제징집을 통해 전쟁터에 끌려갔으며 징병자 이름을 황국신민으로 둔갑시켜 자기네 나라의 자원 희생물이었다는 역사 왜곡을 하였을 뿐만 아니라 정신대에 끌려간 조선인 여자들 이름에 일본식 지정 획수 한자를 의도적으로 붙여 일본식 이름인 하나꼬(花子, 華子) 화자, 미츠꼬(光子) 광자, 준꼬(順子) 순자, 에이꼬(榮子) 영자 등으로 불렀다.

해방 이후에도 여성의 정체성과 이름의 중요성을 인식하지 못했던 어두운 이면에는 일본식 작명의 여자 이름 자(子)자가 그대로 남아 남아선호(男兒選好)사상에 힘입은 대를 잇기 위한 어처구니없는 아들(子)자로 인용되고 둔갑 되어왔다.

백두대간에 정을 박으면서까지 우리민족 정신과 정기를 끊고 민족을 말살하려던 일본의 극악한 의도와 창씨개명 바탕에 드리운 일본 오성 각 작명법의 내면화는 왕비의 자리를 찬탈하기 위해 갖은 음모와 독살계획을 자행했던 장희빈의 저주로 인해 덕행의 근본인 인현왕후가 결국 죽게 되고 숙종이 이 진실을 알게 되며 음모의 주도자 장희빈에게 사약을 내려 죽이는 과거 우리 역사의 닮은꼴을 갖고 있다.

민족정기를 끊어내기 위한 내면화이면은 우리 민족에게 이기적 탐욕과 분열, 인성파괴와 가정파괴, 가치관 파괴 등의 폐해를 낳았을 뿐만 아니라 극악한 사회 범죄를 비롯한 전 세계 자살률 1위, 이혼율 3위 그리고 행복률 꼴찌의 부끄럽고 슬픈 현실이 되었다고 해도 과언은 아니다.

대구 수성구에서 열린 임산부 육아교실 강연에서 혹시 자녀를 낳으면 이름을 한글로 지을 의사가 있는지 조사하였는데 예비 엄마 약 600여 명 중 5~6명을 제외한 모든 사람들이 한자의 의미를 두고 짓겠다고 답했고 또한 자녀를 낳으면 이름을 직접 짓겠다 라는 답변보다 약 90%가 작명소를 통해 짓겠다는 무지(無知)의 답을 했다.

중국과 비슷한 우리 문화권의 한자 이름과 순수 한글 이름을 놓고 제

작팀이 조사한 결과 조사대상 고교생 1,803명 중 137명인 약 7.5% 가, 예비 엄마 600여 명 중 약 1%가 한글 이름에 대한 인식이 매우 적었다.

한자 이름과는 달리 한글 이름은 그 뜻이 직접 전달되는데 이름이 어려서부터 무의식적으로 그 사람을 내면화한다면 한글 이름은 또 다른 의미가 될 수 있다고 한다.

또한 이름은 의식하지 못할 뿐 무의식적으로 인간에게 많은 영향을 주는데 학업성적뿐만 아니라 평생을 통해 나타난 자아존중감과 수명 까지도 이름이 가진 속성의 영향을 받는 존재라고 하였다.

서울대학교병원 뇌자도 MEG(Magenetoencephalography) 센터의 고성능 초전도 자기 센서 신호 영상을 통해 한글 이름과 한자 이름을 무작위로 분류하여 보여줄 때 우리 뇌가 어느 쪽을 더 잘 기억하는지 를 조사해 보았다.

데이터 결과 한글 이름이 한자 이름보다 의미처리 기억률이 약 43%로 나타났고 측두엽 전두엽의 활성화가 컸으며 한자 이름은 상대적으로 한글 이름보다 의미처리 과정이 약 16%로 다소 취약하게 나타났다.

한자 이름은 가지고 있는 뜻이 좋고 의미도 있지만 표면적으로는 그 의미가 드러나지 않기 때문에 자신이 의미하는 바를 잊어버리고 살 경우가 많은 반면, 한글 이름은 그 이름의 의미가 노출되어 확실히 드러날 뿐만 아니라 일생을 통해 자아 정체감을 형성하는데 긍정적 영향을 준다고 한다.

한국인임에도 불구하고 한글의 어원대로 이름을 짓지 않고 아직도 중국 성씨의 모방과 표절의 한자 이름을 짓고 산다는 건 한민족으로 매우 부끄러운 일이다.
우리 조상들은 우리말과 우리글 그리고 우리 이름을 소중히 생각하고 생활해왔는데 우리 이름은 아직도 한자 이름이나 일본식 작명법에 너무도 오랫동안 길들여져 왔고 아직도 그 틀을 벗어나지 못하고 갇혀 있다.

좋은 뜻을 쉽게 적고 불러줄 수 있는 우리 말과 우리 글 이름을 두고 여전히 생소하게 여기고 지나치고 있는지 모른다.
한 사람의 운명을 바꿀 수 있는 이름. 좋은 뜻과 쉽게 불러줄 수 있는 우리 한글 이름의 필요성은 그 뜻하는 이름대로 살아 우리가 밝은 세상을 만들 수 있는 계기가 될수 있기 때문이다.

일본식 수리성명학의 잘못된 작명법을 거부해야 한다면 그럼 과연 우리 이름은 어떤 방법으로 지어야 하고 우리 민족 이름의 정체성은 어떤 식으로 자리를 잡아야 할까? (경술국치 100주년 HD 특별기획「우리 이름 가는 길을 묻다」(대구 MBC 방송내용)

다변화되어가는 세상 속에 한민족 뿌리 중심에 있는 한글을 우리 언어로 여긴다면 적어도 조상이 물려준 우리 말과 글의 가치를 알고 중요시하며 깊이 있는 가르침이 있어야 진정한 한민족이라고 할 수 있다.

또한 한글을 소중히 여긴다면 신경과학에서 입증한 뇌의 인식이나 피로도가 적은 부르기 쉽고 쓰기 쉬운 우리 한글 이름에 좋은 뜻과 의미를 부여하고 이름을 짓는 것이 더 현명하고 지혜로울 수 있다.

조상이 물려준 우리 한글의 우수성과 그 편리는 우리 민족 누구나 잘 아는 사실이다.
지금부터 소개될 말씀 왈(曰), 소리 성(聲)의 말씀 소리 왈성작명법은 훈민정음 언해문에 나타난 한글식 발음 원리를 담고 있으며 중국으로부터 유입된 명리학의 깊은 사전적 학문 지식이 없어도 누구나 스킬을 이해하면 작명할 수 있는 실사구시(實事求是) 작명법이다.

이 작명법은 사람의 성격을 다각적으로 조사 분석한 통계치 자료를 토대로 한글 모음의 고유 에너지 특성에 맞게 분류 구분하여 비교 적용할 수 있는 유일무이(唯一無二) 작명법이다.

뿐만 아니라 생각을 전달할 때 나오는 왈파(曰波) 에너지의 끌어당김 원리를 통해 자신의 이름뿐만 아니라 원하는 뜻과 목적을 실현시킬 수 있는 최첨단 양자 프로세스 콘텐츠 적용의 특화된 작명법이다.

Step 2

말(曰)소리(聲) 이름 로드맵

(1) 발음과 한글 자모음

훈민정음은 1443년 조선의 4대 왕인 세종(世宗)이 새로운 소리 28자를 창조하였는데 그는 그 이유를 이렇게 말했다.

"나라 글이 중국의 것과 달라서 어리석은 백성이 말하고 싶은 것이 있어도 제 뜻을 펴지 못하는 사람이 많다.
내가 이것을 불쌍히 여겨 글자를 만드니 쉽게 익혀 편하게 하기를 원한다."

세종은 글자를 만들 때「눈에 보이지 않는 발성기관의 모양을 본떠 만들었고 눈에 보이지 않는 발음의 소리를 글자로 표현한 표음문자인 것」이었다.

훈민정음은 크게 예의와 해례로 나뉘는데 해례본의「제자해」편에 한글 창제 원리와 용법이 자세히 기록되어있고 한글이 인체의 발음기관을 상형화하여 창제된 사실을 명확히 밝히고 있다.

또한 동양사상의 뿌리인 우주 창조의 원리를 깊이 연구하고 글자를 만든 조선 정치철학인 성리학(性理學)의「음양오행」과「태극 이론」에 바탕을 두고 있다고 하고 있다.

오행과 하늘과 땅의 음양 이치의 기운을 담고 있는 훈민정음은 1962년 국보 70호로 지정되었고 외국에선 한글의 우수성을 과학적으로 입증했을 뿐만 아니라 인류 역사와 문화 전개의 중요한 문자로 그 가치가 인정되어 1997년 유네스코 세계기록유산으로 등재되었다.

자음의 구강 구조와 모양새

훈민정음 해례본 제자해에 등재된 자음 발음에 따른 구강 구조 형태와 오행의 관계를 살펴보면 다음과 같다.

ㄱ과 ㅋ은 어금닛소리로 어금니 형태가 나무뿌리 모양과 같다 하여 오행의 목(木)으로 보았다.

ㄴ, ㄷ, ㄹ, ㅌ은 혀끝 움직임에 의한 혓소리로 뱀 혀나 타오르는 불꽃 같다 하여 화(火)로 보았다.

ㅇ, ㅎ은 목구멍 중앙이 열리는 목구멍 소리로 중앙의 토(土)로 보았다.

ㅅ, ㅈ, ㅊ은 혀로 입천장을 막는 잇소리이며 치아 뼈 모양의 금(金)으로 보았다.

ㅁ, ㅂ, ㅍ은 입술을 통해 침이 튀어 나가는 입술소리로서 물의 수(水)로 보았다.

자음	구강 구조음	모양새	오행
ㄱ→ ㅋ	어금닛소리	나무뿌리	木
ㄴ→ ㄷ→ ㄹ→ ㅌ	혓소리	불꽃	火
ㅇ→ ㅎ	목구멍소리	중앙	土
ㅅ→ ㅈ→ ㅊ	잇소리	치아	金
ㅁ→ ㅂ→ ㅍ	입술소리	침	水

자음과 모음의 획수

한글은 본래 닿소리(자음 17자)와 홀소리(모음 11자)의 28자로 되어 있는데 사용하지 않는 4자를 뺀 총 24자로 자음(14자)과 모음(10자)에 의한 각 획수이다.

＊ 자음에 있어서 ㅈ과 ㅊ의 획수에 유의할 것

자음 (14)	ㄱ	ㄴ	ㄷ	ㄹ	ㅁ	ㅂ	ㅅ	ㅇ	ㅈ	ㅊ	ㅋ	ㅌ	ㅍ	ㅎ
획수	1	1	2	3	3	4	2	1	3	4	2	3	4	3

모음 (10)	ㅏ	ㅑ	ㅓ	ㅕ	ㅗ	ㅛ	ㅜ	ㅠ	ㅡ	ㅣ
획수	2	3	2	3	2	3	2	3	1	1

천간과 지지

천간은 시간개념의 단위로서 십간으로 나누며 지지는 시간 흐름 단위로 계절이나 방향, 색상, 순환 등을 파악하여 우리에게 익숙한 동물의 띠인 십이지로 구분하였는데 천간과 지지를 지칭하여 간지라고 한다.

천간

구분	천간
십간	甲 乙 丙 丁 戊 己 庚 辛 壬 癸 갑 을 병 정 무 기 경 신 임 계

지지

구분	지지
십이지	子 丑 寅 卯 辰 巳 午 未 申 酉 戌 亥 자 축 인 묘 진 사 오 미 신 유 술 해

천간의 오행

천간 음양	甲	乙	丙	丁	戊	己	庚	辛	壬	癸
	양	음	양	음	양	음	양	음	양	음
오행	木		火		土		金		水	

천간과 지지는 음양과 오행으로 나뉘며 천간의 오행은 갑을목(甲乙木) 병정화(丙丁火) 무기토(戊己土) 경신금(庚辛金) 임계수(壬癸水)다.

지지의 오행

지지 음양	寅	卯	巳	午	辰	戌	丑	未	申	酉	亥	子
오행	木		火		土				金		水	
계절	봄		여름		간절기				가을		겨울	
방향	동		남		중앙				서		북	
색깔	청		적		황				백		흑	
순환	1,2		4,5		3,9,12,6				7,8		10,11	

한글 자음의 구강 구조 발음과 오행, 천간의 오행 관계를 정리하면 다음과 같다.

(ㄱ, ㅋ)甲乙木, (ㄴ, ㄷ, ㄹ, ㅌ)丙丁火, (ㅇ, ㅎ)戊己土, (ㅅ, ㅈ, ㅊ)庚辛金, (ㅁ, ㅂ, ㅍ)壬癸水다.

자음	오행	양	음
ㄱ, ㅋ	木	甲	乙
ㄴ, ㄷ, ㄹ, ㅌ	火	丙	丁
ㅇ, ㅎ	土	戊	己
ㅅ, ㅈ, ㅊ	金	庚	辛
ㅁ, ㅂ, ㅍ	水	壬	癸

⑵ 천간의 오행과 인체 기관

천간의 오행과 인체 기관을 구분하면 다음과 같다.

ㄱ, ㅋ- 木 (간장, 담낭) ㄴ, ㄷ, ㄹ, ㅌ- 火 (심장, 소장) ㅇ, ㅎ-
土 (위장, 비장) ㅅ, ㅈ, ㅊ- 金 (폐장, 대장) ㅁ, ㅂ, ㅍ- 水 (신장,
방광)이다.

✱ 장기(臟器) 분류의 목(木)은 간 기능, 화(火)는 혈관계, 수(水)는 신장(전립
선), 방광(자궁)으로 보기도 한다.

木		火		土		金		水	
甲	乙	丙	丁	戊	己	庚	辛	壬	癸
양	음	양	음	양	음	양	음	양	음
간장	담낭	심장	소장	위장	비장	폐장	대장	신장	방광
ㄱ, ㅋ		ㄴ, ㄷ, ㄹ, ㅌ		ㅇ, ㅎ		ㅅ, ㅈ, ㅊ		ㅁ, ㅂ, ㅍ	

⑶ 훈민정음 언해본 서문

천간과 오행, 자음과 모음의 획수를 종합하여 훈민정음 언해본 서문 왼쪽에 적어보자.

나랏 말쌈이 듕국에 달라

문자와르 서로 사맛디 아니할세

이런 전차로 어린 백성이

니르고져 홀빼이셔도 마참내

제 뜻을 실어펴지 못할놈이 하니라

내 이랄 위하야 어엿비너겨

새로 스믈여덜자랄 맹가노니

사람마다 해여수빙니겨 날로수매

편안케 하고져 할 따람이니라

언해본 서문 첫 줄의 「나랏 말쌈」을 획순에 유의하여 천간으로 변환해보자.

1. 첫 자 나의 ㄴ은 ㄴ, ㄷ, ㄹ, ㅌ 천간의 오행 丙丁 火다.
   획순은 어떻게 되는가?
   나 자의 나는 자모음 합쳐서 3획이다.
   丙은 홀수(양)이고 丁은 짝수(음)로 3획인 홀수(양)이므로 나 는 (丙)이 된다.
   (丙)나

2. 둘째자 랏을 살펴보자.
   랏은 ㄹ이 ㄴ, ㄷ, ㄹ, ㅌ 천간의 오행 丙丁 火다.
   획순은 어떻게 되는가?
   랏 자의 ㄹ은 자모음 합쳐서 7획이다.
   丙은 홀수(양)이고 丁은 짝수(음)로 7획인 홀수(양)이므로 라 는 (丙)이 된다.
   (丙)라
   랏 받침 ㅅ을 살펴보자.
   랏 받침 ㅅ이 ㅅ, ㅈ, ㅊ 천간의 오행 庚辛 金이다.
   획순은 어떻게 되는가?
   랏 자의 ㅅ이 자모음 합쳐서 7획이다.
   庚이 홀수(양)이고 辛이 짝수(음)로 7획인 홀수(양)이므로 랏 의 받침 ㅅ은 (庚)이 된다.
   (丙,庚)랏

3. 셋째자 말을 살펴보자.

말의 ㅁ은 ㅁ, ㅂ, ㅍ 천간의 오행 壬癸 水다.

획순은 어떻게 되는가?

말의 ㅁ은 자모음 합쳐서 8획이다.

壬이 홀수(양)이고 癸가 짝수(음)로 8획인 짝수(음)이므로 말 의 ㅁ은 (癸)가 된다.

(癸)마

말 받침 ㄹ을 살펴보자.

말 받침 ㄹ은 ㄴ, ㄷ, ㄹ, ㅌ 천간의 오행 丙丁 火다.

획순은 어떻게 되는가?

말의 ㄹ은 자모음 합쳐서 8획이다.

丙이 홀수(양)이고 丁이 짝수(음)로 8획인 짝수(음)이므로 말 의 ㄹ은 (丁)이 된다.

(癸,丁)말

4. 넷째자 쌈을 살펴보자.

쌈의 쌍시옷(ㅆ)은 시옷(ㅅ)으로 본다.

쌈의 ㅅ은 ㅅ, ㅈ, ㅊ 천간의 오행 庚辛 金이다.

획순은 어떻게 되는가?

쌈의 ㅅ은 (쌍시옷 획수 포함) 자모음을 합쳐서 9획이다.

庚이 홀수(양)이고 辛이 짝수(음)로 9획인 홀수(양)이므로 쌈 의 ㅅ은 (庚)이 된다.

(庚)ㅅ

쌈의 받침 ㅁ을 살펴보자.

쌈의 받침 ㅁ은 ㅁ, ㅂ, ㅍ 천간의 오행 壬癸 水다.

획순은 어떻게 되는가?

쌈의 ㅁ은 자모음을 합쳐서 9획이다.

壬이 홀수(양)이고 癸가 짝수(음)로 9획인 홀수(양)이므로 쌈의 ㅁ
은 (壬)이 된다.

(庚.壬)쌈

⑷ 음양과 오행 상생과 상극

음양은 〈명사〉 역학에서 태극이 나누인 기운으로 음은 어둠을 양은
밝음을 뜻한다.

음	태음, 달, 밤, 땅, 가을, 겨울, 서, 북, 여자	음수(−)짝수 2, 4, 6, 8, 0
양	태양, 해, 낮, 하늘, 봄, 여름, 동, 남, 남자	양수(+)홀수 1, 3, 5, 7, 9

왜 양음 이라고 하지 않고 음양이라고 했을까?

우주 만물은 양과 음의 조화로 이루어져 있고 비율이 1:무한대(∞)로 양을 1이라고 한다면 음은 무한대(∞)가 된다.

보고 인식하는 모든 것들을 양이라고 하고 보지 못하고 인식하지 못하는 것들을 음이라고 하는데 우리가 알지 못하는 것들이 아는 것보다 훨씬 많다면 양과 음을 충분히 이해할 수 있다.

빛은 어둠 때문에 있고 어둠이 없으면 당연히 빛도 필요 없는 게 진리다.

빛이 밝은 이유는 무한우주가 어둡기 때문이고 인식되는 밝음이 전부라고 착각하고 있을 뿐 대부분 어둠의 세계가 지배하는 가운데 빛이 비치는 곳만 밝을 수밖에 없기 때문이다.

오행은 우주 만물은 다섯 가지 원소로 이루어졌으며 그 구성요소는 나무(木) 불(火) 흙(土) 쇠(金) 물(水)이다.

인류 문명과 함께 가장 먼저 연구된 것은 음양과 오행의 이치에 따른 자연현상의 변화였다.

태양을 공전하는 별로서 수성, 금성, 지구, 화성, 목성, 토성을 들 수 있는데 망원경이 생기기 전 지구에서 볼 수 있었던 다섯 개 행성인 다섯 번째 목성, 네 번째 화성, 여섯 번째 토성, 수성과 지구 사이 샛별이라고 하는 금성 그리고 수성을 오행의 원소로 보았고 달의 음과 태양의 양을 포함한 음양오행의 일주일이 되었다.

상생(木生火, 火生土, 土生金, 金生水, 水生木)

상생(相生)의 의미는 스스로를 희생하고 상대를 돕고 살려주는데 기반을 두고 있다.

불(火)을 피우려면 불이 나무(木)를 필요로 하고 불을 피울 수 있는 재료로 나무가 쓰이게 되므로 木生火다.
지구(土)가 생명을 유지할 수 있는 건 적정온도의 지(地)열인 내핵 용암(火) 때문이며 흙(土)으로 빚은 육체 역시 생명을 유지하려면 적정온도(火) 혈액이 유지되야 하므로 火生土다.

쇠(金)나 광석은 지표면 밖으로 나오면 공기와 결합하여 산화, 부식되기 때문에 흙(土)속에 있어야 보호받을 수 있다. 土生金이다.
암반 돌[2]은 정수(淨水)의 으뜸이다. 광석(쇠-金)의 물(水)로

파이워터정수기

살리므로 金生水다.

나무(木)가 생존하려면 물(水)을 필요로 하고 물이 없으면 살 수 없기에 水生木이다.

상극(木剋土, 土剋水, 水剋火, 火剋金, 金剋木)

상극(相剋)의 의미는 상대 대상을 제지하고 충돌시키지만 때로는 성장시키기도 한다.

어느 날 나무(木)가 땅(土)에 뿌리를 깊이 내리더니 토양의 양분을 모조리 빼앗아갔다. 木剋土다.
흐르던 물(水)에 갑자기 둑(土)이 쌓이고 잘 흐르던 물 흐름이 제지를 당했다. 土剋水다.
불(火)이 활활 잘 타고 있는데 갑자기 누군가 물(水)을 뿌려 잘 타던 불을 꺼버렸다. 水剋火다.
잘 사용되던 쇠(金)가 있는데 불(火)에 의해 녹아버리고 말았다. 火剋金이다.

---

2) 1960년 초 일본 나고야대학 농학부 교수 야마시다쏘지 박사는 식물 화성 현상 연구를 위해 한 신사를 가다가 주변에서 나는 연못의 악취로 코를 막고 지나게 되었다. 그런데 냄새나는 오수(汚水)의 연못에는 너무도 아름답게 연꽃들이 피어있었다. 발걸음을 멈춘 그는 더러운 오수에서 아름다운 꽃이 서식되고 개화될 수 있는지가 궁금하여 깊이 관찰한 결과 연꽃 뿌리 연근이 음양(陰陽)의 암수로 나뉘었고 줄기 절단 부분은 오물이 유입되지 않게 되어있었다. 연구실에 돌아온 그는 연구를 토대로 지질속 철염(鐵鹽)의 뛰어난 성질이 필터 효과가 있음을 발견하고 개발된 정수기가 πWater(파이워터)정수기이며 이로 인해 발명특허를 받게 되었다.

토벌 꾼이 오더니 무성한 가지를 드리운 나무(木)를 자르기 위해 허리를 도끼(金)로 찍었다. 金剋木이다.

상생(相生)	상극(相剋)
木生火(목생화)	木剋土(목극토)
火生土(화생토)	土剋水(토극수)
土生金(토생금)	水剋火(수극화)
金生水(금생수)	火剋金(화극금)
水生木(수생목)	金剋木(금극목)

돌다리/ 오행의 상생 – 목생화, 화생토, 토생금, 금생수, 수생목

　　　　오행의 상극 – 목극토, 토극수, 수극화, 화극금, 금극목

　　　　천간의 오행 – 甲乙木, 丙丁火, 戊己土, 庚辛金, 壬癸水

　　　　천간 – 甲, 乙, 丙, 丁, 戊, 己, 庚, 辛, 壬, 癸

　　　　지지 – 子, 丑, 寅, 卯, 辰, 巳, 午, 未, 申, 酉, 戌, 亥

⑸ 천문 능통의 동방삭과 60갑자

❖ 삼천갑자동방삭(三千甲子東方朔)

동방삭은 3000 갑자년(3000년×60갑자 = 180,000년)을 살았고 천문(天文)과 운수에 능통했던 실존 인물로 한서(漢書)의 동방삭전(東方朔傳)에 전하는 이야기다.
기원전 141년 16세 나이로 중국의 7대 황제로 즉위했던 유철(劉撤) 한무제(漢武帝)가 태자 시절 동방삭을 만난 이야기의 내용은 다음과 같다.

동방삭은 천문과 운수가 능통하여 당 시대 많은 사람 들이 그에게 운수를 상담받으려고 몰려들자 하루에 세 사람만 상담받는다는 소문을 들었던 태자는 그의 지혜가 얼마나 능통한지 궁금해서 변복을 하고 찾아가 상담을 요청했는데 이미 당일 상담이 끝났으니 다음날 오라는 것이었다.
다음날 일찍 서둘러서 다시 그를 찾아갔는데 또다시 당일 상담이 끝났으니 다음날 오라는 것이었다.

태자는 기가 막히고 코가 막혔다.
아니 내가 감히 누군데…
그는 화가 치밀 법도 하지만 마음을 누르고 동방삭의 집을 나와 그날 밤 아예 그의 집 앞에서 밤을 지새우기로 마음먹고 다음 날 아침 그에게 상담을 받을 수 있었다.

동방삭과 태자의 첫 만남! 동방삭은 변복한 태자를 알아볼 턱이 없었다.
이윽고 동방삭이 태자에게 말을 건넸다.
'아무 글자나 써보시오.' 하자 지필묵이 없는 태자로선 난감하기 그지없었다.
어디에다 글자를 쓰라는 말인가? 땅에? …
태자는 지필묵도 없이 상담받는 동방삭이 못마땅했다.
하지만 다시 마음을 누그리고 직접 밖에 나가 빗자루를 꺾어다 땅에다 한 일(一)자를 그렸다.

동방삭은 한일자를 바라보며 어찌 그 많은 글자 중에 하필이면 한 일 자를 쓴 것일까? …

한참 동안 한 일 자를 바라보던 그는 일어나서 예를 갖추고 그 앞에 넙죽 엎드려 절을 올렸다.
영문을 모른 태자는 의아한 표정을 지으며 동방삭에게 어찌하여 예를 갖춰 엎드리는지 물었다.
그러자 동방삭은 공께선 장차 군왕이 되실 분이라고 말을 했다.
어찌 그런 해석이 나왔는지 태자는 물었다.

땅(土) 위에 일(一) 자를 얹은 글자의 의미는 흙은 만백성이요, 흙 위에 한 일 자가 얹어져 이는 왕(王)자를 가르키는 것이므로 이 뜻은 공이 장차 만백성을 다스릴 군왕이 되실 뜻이라고 말을 했다.

동방삭의 놀라운 지혜를 마음에 담았던 태자 한무제는 훗날 중국 7대 황제로 즉위 되고 황제 등극 후 동방삭을 불러 그를 책사로 봉했으며 그의 지혜를 귀담아들었다고 전한다.

60갑자는 천간과 지지를 결합한 것으로 1 갑자(甲子★)의 단위는 1년이고 천간과 지지가 만나서 돌아오는 시점은 60년이며 60년을 60갑자 환갑(還甲) 또는 회갑(回甲)이라고 하였는데 회갑의 60주기는 중국 은나라 때 유래되었고 12 지지의 띠는 우리에게 친숙한 12가지 동물을 뜻한다고 한다.

60갑자 표에 대입하는 방법은 먼저 천간의 甲과 지지의 子가 결합하는데 이 甲과 子가 서로 결합하여 甲子 년이 되며 다음 천간의 乙과 지지의 丑이 결합하게 되면 乙丑 년이 된다.

다음은 丙寅년, 丁卯년, 戊辰년, 己巳년, 庚午년, 辛未년, 壬申년, 癸酉년 순으로 대입하고 그다음은 천간의 甲과 지지의 戌이 결합하여 甲戌년 이어 천간의 乙과 지지의 亥가 결합하여 乙亥년 순으로 이어지게 되며 60의 간지 조합이 끝나는 시기는 癸亥 년이 되고 癸亥년이 끝나면 다시 처음의 甲子년으로 돌아온다.

天干(10)	甲 乙 丙 丁 戊 己 庚 辛 癸 갑 을 병 정 무 기 경 신 계				
地支(12)	子 丑 寅 卯 辰 巳 午 未 申 酉 戌 亥 자 축 인 묘 진 사 오 미 신 유 술 해				
甲子	乙丑	丙寅	丁卯	戊辰	己巳
庚午	辛未	壬申	癸酉		
					癸亥

⑥ 출생 원기 산출 방법

출생 원기는 출생 연도를 말하며 이걸 특정 공식을 적용하여 지지를 산출하는 방법인데 복잡한 만세력(萬歲曆)을 보지 않고 간편 원리로 무슨 띠인지를 찾는 효율적 방법이다.

출생 원기 산출 방법은 출생 연도 끝자리 수가 천간이 되고, 띠를 찾는 방법은 찾고자 하는 출생 연도 숫자보다 낮은 12년 단위의 돼지띠 해(亥)를 뺀 나머지 숫자가 지지가 된다.

(亥) 12	천간									
⋮ 2031	甲 갑	乙 을	丙 병	丁 정	戊 무	己 기	庚 경	辛 신	壬 임	癸 계
2019	4	5	6	7	8	9	0	1	2	3
2007	지지									
1995 1983	子 자	丑 축	寅 인	卯 묘	辰 진	巳 사	午 오	未 미	申 신	酉 유	戌 술	亥 해
1971 1959	쥐	소	범	토끼	용	뱀	말	양	원숭이	닭	개	돼지
⋮	1	2	3	4	5	6	7	8	9	10	11	12

예를 들어 1975년생이 무슨 띠인지 찾아보자.

출생 연도 1975년의 출생 원기는 끝자리 수가 5다. 천간의 숫자 5는
을(乙)이므로 5년생은 을(乙)이 된다.
다음, 띠를 찾으려면 1975년보다 낮은 돼지띠 숫자를 찾아서 빼는데
여기에선 1971년이므로 1975년에서 1971년을 빼면 나머지가 4가
되고 빼고 남은 숫자 4를 지지에서 찾으면 묘(卯)로 천간에서 찾은
숫자 5의 을(乙)과 돼지띠를 빼고 남은 숫자 4의 묘(卯)를 합쳐서
1975년생의 출생 원기는 을묘(乙卯)년생 토끼띠가 된다.
2012년생은 무슨 띠인지 한 번 더 예를 들어보자.

출생 연도 2012년은 출생 원기는 끝자리 수가 2다. 천간의 숫자 2는 임(壬)이므로 2년생은 임(壬)이 된다.

다음, 띠를 찾으려면 2012년보다 낮은 돼지띠 숫자를 찾아서 빼는데 여기에선 2007년이므로 2012년에서 2007년을 빼면 나머지가 5가 되고 빼고 남은 숫자 5를 지지에서 찾으면 진(辰)으로 천간에서 찾은 숫자 2의 임(壬)과 돼지띠를 빼고 남은 숫자 5의 진(辰)을 합쳐서 2012년생의 출생 원기는 임진(壬辰)년생 용띠가 된다.

✻ 다양한 숫자를 뽑아서 대입하고 출생 원기를 익숙히 산출할 수 있을 때까지 꾸준한 노력이 필요하다.

⑺ 지지를 천간으로 변환

12년 단위 돼지띠를 적용하여 출생 원기를 산출했으면 모음 에너지를 추출하기 위해 공식을 적용하여 지지를 천간으로 변환하는데 아래 표의 내용대로 지지를 천간으로 바꿔준다.

✻ 박 부장의 6가지 연상 팁(Tip)을 참고할 것

지지	子	丑	寅	卯	辰	巳	午	未	申	酉	戌	亥
	↓	↓	↓	↓	↓	↓	↓	↓	↓	↓	↓	↓
천간	癸	己	甲	乙	戊	丙	丁	己	庚	辛	戊	壬

박부장의 6가지 연상 팁(Tip)

1. 한 직장에 충성해온 박준석 부장은 1962년 임인(壬寅)년생으로 올해 나이 60세의 보수적 이고 융통성도 별로 없고 원리 원칙을 지나치게 따지는 앞뒤 꽉 막힌 사람이다.

타부서 전출해 온 지 얼마 안 되는 송수호 차장은 1987년 정묘(丁卯)년생으로 올해 나이 35세, 박 부장에게 결재받으며 혼나고 있다.
우린 박 부장이 갑(甲)이고 송차장은 을(乙)관계라고 숙덕 거렸다.(寅 → 甲 / 卯 → 乙)

2. 우리 부서가 더 걱정해야 하는 건 업무지시를 잘 이해 못 하고 동문서답 엉뚱하게 일을 망치는 별칭 사오정(巳午丁) 이 대리 때문에 모두가 큰 걱정을 한다. (巳 → 丙 / 午 → 丁)

3. 오늘도 신문을 보던 박 부장이 또 일장 연설이 시작되었다. 그는 입버릇처럼 유신시대로 돌아가야 해! 세상이 어떻게 되려는지 에이!~ 쉿!~ 또 시작됐어 유신(酉辛) 시대면 신경(申庚)쓰여 어떻게 살어? 서로 쳐다보며 구시렁거렸다.(酉→辛 / 申→庚)

4. 회장실에서 박 부장 올라오라는 전화다. 감원 바람이 불기 때문이다. 돌아온 박 부장 안색이 굳어 있다. 주섬주섬 가방과 물건들을 챙기자 송 차장이 부장님! 하니, 해임(亥壬)당한 사람이 무슨 할말. 집에 가서 잠이나 자계(子癸)하더군.(亥→壬 / 子→癸)

5. 부장님! 그럼 앞으로 어찌 하실겁니까? 송 차장이 물었다.
뭘하긴~ 오래전부터 형님이 고향에 내려와 소 사육하는걸 도와 달라는데 거기나 가서 소(丑) 먹(未)이(己)나 주고 살아야 하

지 않겠나? 하며 한숨을 내쉬었다.(丑未 → 己)

6. 그나저나 아들놈 하나가 늘 속 썩이는데 지난주도 술을 쳐먹고 사람을 때려 경찰서에 갔는데 날 새도록 자기는 잘못없다며 진술(辰戌)을 하지 않아(戌)찾아 가 간신히 합의 했어… 창밖을 물끄러미 바라보는 박부장의 눈가에 이슬이 맺혔다.(辰戌→戌)

위의 6가지 예는 지지를 천간으로 변환하기 위한 연상적 방법으로 시나리오를 잘 이해하고 적용하면 도움이 된다.

에너지(energy)에 의한 적용

에너지란 인간이 활동하는 근원이 되는 힘이나 기본적인 물리량의 하나이며 물체나 물체계가 가지고 있는 일을 하는 능력을 통틀어 이르는 말로 역학적 일을 기준으로 하여 이와 동등하다고 생각되는 것을 말한다. (네이버 검색)

에너지는 힘이나 원기 생기 등의 기운과 동일한 말로서 생물이 살아 움직이는 힘(vitality) 호흡(breath) 정신(spirit) 등 눈에 보이지 않지

만 오관으로 느낄 수 있는 실체라고도 한다. (라이프성경사전)

에너지는 겉으로 드러나는 행동 에너지와 마음이 지배하는 생각 에너지 원리가 어떻게 적용되는지 살펴보자.

4 에너지 흐름과 방향

4 에너지의 흐름 유형은 다음과 같다.

중심에너지 (outside-energy)	보조에너지 (inside-energy)
4. action energy (행동)	1. ego energy (자아)
3. will energy (의지, 탐색)	2. seed energy (씨앗, 생각)

❖ **마음을 만드는 energy 흐름**

1990년생 김정수*대리는 모기업 판촉부 32살로 미혼이다. 치열한 경쟁 사회에서 살아남기 위해 오늘도 퇴근 후, 모 학원으로 향했다.
그 시각 1층의 커피전문점에서 스멀스멀 올라오는 커피 향은 그의 코끝을 유난히도 자극했다.
입안엔 어느새 침이 고였고 목구멍은 고인 침을 빠르게 삼켜버리고 말았다. 아!~ 커피먹고싶다.

먹고 싶은 생각을 제공한 커피 향을 씨앗 에너지(seed energy)라고 하고 커피를 마셔야겠다는 마음을 갖게 한 것을 자아에너지(ego energy)라고 하며 원인제공으로 인해 내면의 확고함이 들게 한 드러나지 않은 마음의 상태를 보조에너지(inside energy) 속마음이라고 한다.

❖ **탐색과 행동의 energy 흐름**

그의 머릿속은 복잡해지기 시작했다.
이 기회에 커피머신을 사야겠다. 아… 아~니야! 아예 오늘 사러 가야지. 얼마짜리를 살까?
커피 원두는 어디 걸 쓸까? 그런데 어디로 가지?
세팅 후 시음도 해보고 1993년생 유정은*씨 초대해서 나만의 독특한 멋진 커피를 내려주는 거야!
그리고 이 기회에 고백도 해야지. 수업 내내 그의 머릿속은 온통 그 생각뿐 이었다.

광역버스에 오른 그는 바리스타 버금가는 전문가가 되어 있었고 입가엔 빙그레 미소를 머금고 있었다.
커피 기기 판매매장은 고객들이 분주했고 이것저것을 꼼꼼히 따지고 물어 구입한 머신기와 재료들을 들고 돌아가는 발길은 다른 때와 달리 더 가벼웠다.
오피스텔에 도착하자마자 커피머신을 설치하고 재료를 풀었다.
커피콩 내음은 싱그러웠고 스팀에서 뿜어대는 코끝의 그윽한 커피 향은 입안에 굴리기도 전에 나를 매혹했다.

그래 바로 이거야!~ 뿌듯하고 행복한 커피 향과 맛을 음미하며 독백(獨白)을 나누는 아름다운 밤이다.

머신기 원두 재료 구입 품목 구입처 가격결정에 이르기까지 탐색하고 시각화로 드러나는 것을 의지 에너지(will energy)라 하고 매장에서 매입으로 드러나는 행동을 액션 에너지(action energy)라 하며 조사와 행동 행위를 중심에너지(outside energy) 겉마음이라고 한다.

어떤 생각으로부터 결정을 유발시키고 자신의 의식이나 관념을 통해 마음에 정립된 것을 속마음이라고 한다면 그걸 이루기 위해 조직적인 세부 계획을 통해 행동으로 옮기는 행위를 겉마음이라고 할 수 있다.

⑻ 모음 에너지 추출법

모음 에너지 추출법은 이름을 통하여 대상자의 겉마음과 속마음을 추출해보기 위함인데 모음 에너지는 행동으로 드러난 천간의 중심에너지 라인과 생각으로 드러나지 않은 지지의 보조에너지 라인으로 나뉘며 중심에너지 라인의 이름 첫 자 자음을 중심에너지라고 하고 보조에너지 라인의 이름 첫 자 자음을 보조에너지라고 한다.

모음 에너지 추출 도형
(오행은 시계방향으로, 모음 에너지는 반 시계 방향으로)

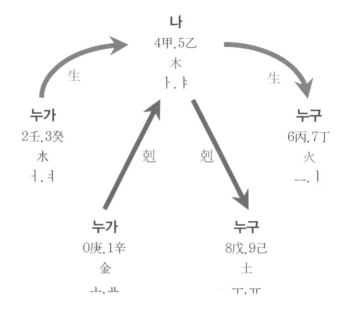

모음 에너지 추출은

가) 천간의 오행

나) 중심에너지 자음 확인

다) 중심에너지 자 모음 획수

라) 음양의 관계를 분석하여 에너지를 추출한다.

5가지 모음 에너지 관계 공식이 있어서 출생 원기(출생 연도)는 (본인 나)이다.

1. 내가 나를 만났을 경우

가) 출생 연도 끝자리가 4년생(甲)과 5년생(乙)은 천간의 오행이 甲乙, 木이다.

나) 중심에너지 자음이 木(ㄱ, ㅋ)일 경우 출생 연도 끝자리가 4년생(甲)과 5년생(乙)木을 만나면 내가 나를 만났다고 한다.

다) 중심에너지 木(ㄱ, ㅋ)의 자 모음 획수를 살펴보고

라) 출생 연도 4(甲)과 5(乙)과 음양이 동일할 경우 ㅏ 가 되고 다를 경우는 ㅑ 가 된다.

내가 나를 만났을 경우 음양에 따라 모음 에너지가 어떻게 달라지는지 확인해보자.

A. 출생 연도 94년생 배가비 라는 여자가 있다고 가정하고 모음 에너지를 추출해보자.

가) 4년생은 甲의 木(양)이고

나) 중심에너지 자음이 가, 木(ㄱ, ㅋ)이며

다) 중심에너지 가의 획수는 3획으로 (양)이다.

라) 4년생 甲(木)(양)인 나와 중심에너지 ㄱ, ㅋ甲(木)의 (양)이 만나 甲이 甲을 만난 내가 나를 만났을 경우이고 음양이 같으므로 모음 에너지 ㅏ 가 된다.

B. 동일한 인물 95년생 배가비 라는 여자가 있다고 가정하고 모음 에너지를 추출해 보자.

가) 5년생은 乙의 木 (음)이고

나) 중심에너지 자음이 가, 木(ㄱ, ㅋ)이며

다) 중심에너지 가의 획수는 3획으로 (양)이다.

라) 5년생 乙(木)(음)인 나와 중심에너지 ㄱ, ㅋ甲(木)의 (양)이
   만나 乙(木)이 甲(木)을 만난 내가 나를 만났을 경우이고 음양
   이 다르므로 모음 에너지 ㅑ가 된다.

2. 누가 나를 생(生) 했을 경우

가) 출생 연도 끝자리가 4년생(甲)과 5년생(乙)은 천간의 오행이
   甲乙, 木이다.

나) 중심에너지 자음이 水(ㅁ, ㅂ, ㅍ)일 경우 (누구)인 水가 (나)
   인 木을 생하는 (水生木) 으로 누가 나를 생 했다고 한다.

다) 중심에너지 水(ㅁ, ㅂ, ㅍ)의 자 모음 획수를 살펴보고

라) 음양이 동일할 경우 ㅓ가 되고 다를 경우는 ㅕ가 된다.

3. 누가 나를 극(剋) 했을 경우

가) 출생 연도 끝자리가 4년생(甲)과 5년생(乙)은 천간의 오행이
   甲乙, 木이다.

나) 중심에너지 자음이 金(ㅅ, ㅈ, ㅊ)일 경우 (누구)인 金이 (나)
   인 木을 극 하는 (金剋木) 으로 누가 나를 극 했다고 한다.

다) 중심에너지 金(ㅅ, ㅈ, ㅊ)의 자 모음 획수를 살펴보고

라) 음양이 동일할 경우 ㅗ가 되고 다를 경우는 ㅛ가 된다.

4. 내가 누굴 극(剋) 했을 경우

가) 출생 연도 끝자리가 4년생(甲)과 5년생(乙)은 천간의 오행이

甲乙, 木이다.

나) 중심에너지 자음이 土(ㅇ, ㅎ)일 경우 (나)인 木이 (누구)인 土 를 극 하는 (木剋土)로 내가 누구를 극 했다고 한다.

다) 중심에너지 土(ㅇ, ㅎ)의 자 모음 획수를 살펴보고

라) 음양이 동일할 경우 ㅜ가 되고 다를 경우는 ㅠ가 된다.

5. 내가 누굴 생(生) 했을 경우

가) 출생 연도 끝자리가 4년생(甲)과 5년생(乙)은 천간의 오행이 甲乙, 木이다.

나) 중심에너지 자음이 火(ㄴ, ㄷ, ㄹ, ㅌ)일 경우 (나)인 木이 (누구) 인 火를 생 하는 (木生火)로 내가 누구를 생 했다고 한다.

다) 중심에너지 火(ㄴ, ㄷ, ㄹ, ㅌ)의 자 모음 획수를 살펴보고

라) 음양이 동일할 경우 ㅡ가 되고 다를 경우는 ㅣ가 된다.

내가 나를 만났을 경우/ 음양이 같으면 ㅏ
음양이 다르면 ㅑ

누가 나를 생했을 경우/ 음양이 같으면 ㅓ
음양이 다르면 ㅕ

누가 나를 극했을 경우/ 음양이 같으면 ㅗ
음양이 다르면 ㅛ

내가 누굴 극했을 경우/ 음양이 같으면 ㅜ
음양이 다르면 ㅠ

내가 누굴 생했을 경우/ 음양이 같으면 ㅡ
음양이 다르면 ㅣ

중심에너지 추출 적용 방법

1. 출생 원기(출생 연도) 띠 산출
2. 지지를 천간으로 변환
3. 천간의 오행과 음양 파악
4. 이름 첫 글자 자음 오행 파악
5. 자음 획수 음양 파악
6. 5가지 모음 에너지 적용
7. 모음 (중심)에너지 추출(보조에너지 적용도 동일)

예를 들어 1989년생 홍길동이란 사람이 있다고 가정하고 중심에너지를 추출해 보자.

1. 1989년 홍길동의 출생 원기 (출생 연도)는 기사(己巳)년생 뱀띠이다.
2. 지지의 사(巳)는 연상 팁을 통해 알아봤듯이 병(丙)으로 변환이 되어 1989년 홍길동의 출생 원기는 기사(己巳)에서 기병(己丙)으로 바뀌었다.
3. 기병(己丙)은 천간의 오행을 파악하면 기(己)는 음 토(土)가 되고 병(丙)은 양 화(火)가 된다.
4. 홍길동의 길은 이름 첫 글자이고 첫 자음은 ㄱ이며 자음 ㄱ은 오행의 목(木)이다.
5. 홍길동의 이름 첫 글자 길은 전체 5획으로 양이다.
6. 기(己)의 음 토(土)인 (나)와 길의 자음 ㄱ이 양 목(木)인 (누구)의 오행 관계는 자음 ㄱ 양 목(木)인 (누가) 기(己)의 음 (土)인 (나)를

극 하는 (木헌土)로 누가 나를 극하고 음양이 서로 다르므로 중심 에너지 자음 ㄱ은 모음 (ㅛ)가 된다.

다음, 받침의 자음 ㄹ을 살펴보면 자음 ㄹ이 양 화(火)인 (누구)이고 기(己)의 음 토(土)인 (나)의 오행 관계는 (火生土)로 누가 나를 생하고 음양이 서로 다르므로 중심에너지 자음 ㄹ은 모음 (ㅕ)가 된다.

> 1989년 홍길동은 중심에너지 길이 모음 에너지 (ㅛ)와 (ㅕ)가 된다.

출생원기 산출법과 지지를 변환하여 중심(모음)에너지를 뽑아보았으니 4 에너지 흐름방향에서 연상내용으로 소개되었던 1990년생 김정수와 1993년생 유정은의 중심에너지를 추출해보자.

1. 1990년 김정수*의 출생 원기 (출생 연도)는 경오(庚午)년생 말띠이고 지지의 오(午)를 천간으로 변환해야 한다.
2. 오(午)는 연상 팁을 통해 알아봤듯이 천간의 정(丁)이 되어 1990년 김정수의 출생 원기는 경오(庚午)에서 경정(庚丁)으로 변환되었다.
3. 경정(庚丁)은 천간의 오행 경(庚)은 양의 금(金)이 되고 정(丁)은 음의 화(火)가 된다.
4. 김정수의 정은 이름 첫 글자이고 첫 자음은 ㅈ이며 자음 ㅈ은 오행, 금(金)이다.
5. 김정수의 이름 첫 글자 정은 전체 6획으로 음이다.
6. 경(庚)의 양 금(金)인 (나)와 정의 자음 ㅈ의 금(金)인 음(누구)의

오행 관계는 천간 경(庚)의 (양) 금(金)과 이름 첫 자음 (음) 금(金)이 만난 경우로 내가 나를 만났을 경우이며 음양이 서로 다르므로 중심에너지 자음 ㅈ은 모음 (ㅑ)가 된다.

다음, 받침의 ㅇ을 살펴보면 자음 ㅇ이 토(土)인 음(누구)이고 경(庚)의 양 금(金)인 (나)와의 오행 관계는 (土生金)으로 (누가)(나)를 생하고 음양이 서로 다르므로 중심에너지 자음 ㅇ은 모음 (ㅕ)가 된다.

> 1990년 김정수는 중심에너지 정이 모음 에너지 (ㅑ)와 (ㅕ)가 된다.

1. 1993년 유정은*의 출생 원기 (출생 연도)는 계유(癸酉)년생 닭띠이고 지지의 유(酉)를 천간으로 변환해야 한다.
2. 유(酉)는 연상 팁을 통해 알아봤듯이 천간의 신(辛)이 되어 1993년 유정은의 출생 원기는 계유(癸酉)에서 계신(癸辛)으로 변환되었다.
3. 계신(癸辛)은 천간의 오행 계(癸)은 음의 수(水)가 되고 신(辛)은 음의 금(金)이 된다.
4. 유정은의 정은 이름 첫 글자이고 첫 자음은 ㅈ이며 자음 ㅈ은 오행, 금(金)이다.
5. 유정은의 이름 첫 글자 정은 전체 6획으로 음이다.
6. 계(癸)의 음 수(水)인 (나)와 정의 자음 ㅈ이 금(金)인 음(누구)의 오행 관계는 천간 계(癸)의 (음) 수(水)와 이름 첫 자음 (음) 금(金)의 (金生水)로 누가 나를 생 하고 음양이 같으므로 중심에너지 자음 ㅈ은 모음 (ㅓ)가 된다.

다음 받침의 ㅇ을 살펴보면 자음 ㅇ이 토(土)인 음(누구)이고 계(癸)의 음 수(水)인 (나)와의 오행 관계는 (土헨水)로 (누가)(나)를 극하고 음양이 같으므로 중심에너지 자음 ㅇ은 모음 (ㅗ)가 된다.

1990년 유정은은 중심에너지 정이 모음 에너지 (ㅓ)와 (ㅗ)가 된다.

(9) 모음 에너지 성향 특성

모음 에너지 성격, 성향 분석은 그 어디에도 없는 왈성 작명법만 보유한 독창적 통계자료이다.
수십 년간 조사 분석한 사람의 성격, 성향을 분류한 일부를 요약정리하였다.

모음 구분	적성	특 성
ㅏ	영업	호기심, 고집, 설득력, 적응력, 앞선욕망, 의지력, 평화추구, 상상력, 착함, 성급판단력
ㅑ	대외	일중독, 독선적, 본,부업, 비가정적, 리더십, 이중성, 폭군, 형제애극, 부인미안, 자신감
ㅓ	관리	식복, 효심, 선량, 따뜻, 풍비, 준법, 포용력, 보수적, 양육, 자식사랑, 의처, 의부, 치밀함
ㅕ	예술	창조예, 다재다능, 예민비판, 보스, 맹모, 3초욱, 자존거만, 염세, 언변 구사력, 중독자

ㅗ	무역	다정다감, 타지성공, 주색, 어눌한 말투, 타고난 계산, 외교, 사교, 돈굴리는재주, 한량
ㅛ	대표	총명진실, 논리계획, 사업성, 탁월 계산력, 정직근검, 신용약속, 금전 인색, 안정우선
ㅜ	개척	영웅보스, 담력배짱, 희생, 간섭관여, 의리신의, 마음따뜻, 손기술재주, 직선적, 뒤끝X
ㅠ	경영	보수적, 체면, 신용생명, 원리원칙, 우유부단, 인품품위, 용모단정, 경영능력, 투기배척
ㅡ	기획	창의력, 무표정, 뒷심X, 눈치재치, 골똘노력, 성격완고, 기능갑부, 의심경계, 표현부족
ㅣ	교육	두뇌명석, 교화교육, 군자대인, 변덕, 정통추구, 책임헌신, 타인기만, 말많음, 선량성품

왈성작명법 성격, 성향 특성을 적용하여 김정수와 유정은의 중심에너지를 알아보고 좋은 뜻의 한자도 넣어보자.

1. 김정수/

중심에너지 이름 첫 자, 정은 (ㅑ)와 (ㅓ)중 첫 자음, ㅑ가 핵심에너지다.

대외활동이 분주한 김정수의 직업과도 잘 맞는다.

자신감 넘치고 다양한 분야 일들을 공부하고 연마할 명석한 두뇌를 가지고 있다.

본업과 부업이 불명확하며 금전 지출이 많은 분주한 일 중독자로 가정에는 충실치 못할 수 있다.

2. 유정은/

중심에너지 이름 첫 자, 정은 (ㅓ)와 (ㅗ)중 첫 자음, ㅓ가 핵심
에너지다.

대체적으로 꼼꼼한 업무의 총무과에 근무하는 유정은의 직업과
적성에 잘 맞는다.

계획적 분야 일에 두뇌 회전이 빨라 탁월한 능력이 발휘되는 자질
을 지녔고 대인관계 면에서도 잘 협력하고 처신도 잘한다.

내성적이지만 명랑하고 온화하며 미학적 낭만도 즐기는 미식가
이기도 하다.

이름분석과 뜻의 확대

1. 김정수/

김정수의 성씨 김은 ㄱ(木)+ㅁ(水)로 (水生木)으로 상생이고 이름
첫글자 정은 ㅈ(金)+ㅇ(土)로 (土生金)으로 상생이며 성과 이름
첫 글자를 오행으로 보면 (土生金), (金生水), (水生木)으로 상생
의 관계이다.

김정수의 이름 첫 글자 정과 마지막 글자 수를 보면 (土生金), (金
生水)로 모두 상생이다.

따라서 김정수는 이름 전체가 극이 없는 상생의 좋은 이름을 지녔다.

김정수의 한자 이름 정자는 조정 정(廷)자를 넣었고 명석한 두뇌
를 가진 뜻을 넣어 빼어날 수(秀)를 넣었다.

2. 유정은/

　유정은은 성씨와 이름 첫 글자를 보면 성의 유는(土)이고 유와 정
은 유의 (土)+ㅈ(金)+ㅇ(土)로 (土生金)의 상생이고 이름 마지막
글자 은도(土)+(火)의 (火生土)인 상생이다.

　따라서 유정은도 이름 전체가 극이 없는 상생의 좋은 이름을 지녔다.
유정은의 한자 이름 정자는 복과 행복의 상서로울 상서 정(禎)을
넣었고 인정받고 사랑받는 은혜 은(恩)을 넣었다.

모음 에너지의 가이드라인

모음 에너지는 모음(ㅏ ~ ㅣ)으로 작명 해석 부분을 참고하고 각 에너
지가 요구하는 질문 공식에 맞게 빈 공간에 이름을 지어보자.

참고

이름을 지을 때

1. 성씨와 이름의 관계가 모두 상극이거나(예 : 전숙임)
2. 성씨의 극을 풀은 상생 관계이거나(예 : 염승환)
3. 성씨의 극을 풀고 이름 마지막 글자의 극을 풀은 이름 첫 자가 상생인
　이름(예 : 강태공) 등을 모두 상생으로 보지만, 이름을 작명할 때는 가급
　적 글자 모두를 서로 돕고 살리는 상생(相生)으로 짓는 것이 가장 바람
　직하다.

⑽ **중심에너지 ㅏ 이름 메이킹**
    (내가 나를 만나고 음양이 서로 같을 때)

Order/ 성과 이름 모두 받침 없이, 상생으로

중심 ㅏ	4甲	5乙	6丙	7丁	8戊	9己	0庚	1辛	2壬	3癸
	木		火		土		金		水	
	남	여	남	여	**남**	**여**	남	여	남	여
성					나	서				
이					우	유				
름					재	리				

작명해석/

출생 연도 끝자리 8년도(戊)와 9년도(己)는 오행 土로 남자는(양) 여자는(음)이다.

8년도 남자 土는 ㅇ, ㅎ 중심에너지 (3획, 양) 받침 없이 우를 넣었다. 성과 이름 첫 자, 나와 우는(火生土)로, 이름 첫 자, 우와 마지막 자, 재가(土生金)으로 모두 상생인 나우재 ㅏ에너지 남자 이름을 지었다.

9년도 여자 土는 ㅇ, ㅎ 중심에너지 (4획, 음) 받침 없이 유를 넣었다. 성과 이름 첫 자, 서와 유는(土生金)으로, 이름 첫 자, 유와 마지막 자, 리는(火生土)의 모두 상생인 서유리 ㅏ에너지 여자 이름을 지었다.

(11) 중심에너지 ㅑ 이름 메이킹
(내가 나를 만나고 음양이 서로 다를 때)

Order/ 성과 이름 모두 받침 없이, 상생으로

중심 ㅑ	4甲	5乙	6丙	7丁	8戊	9己	0庚	1辛	2壬	3癸
	木		火		土		金		水	
	남	여	남	여	남	여	**남**	**여**	남	여
성							배	유		
이							수	주		
름							호	미		

작명해석/

출생 연도 끝자리 0년도(庚)와 1년도(辛)는 오행 金으로 남자(양) 여자(음)이다.

0년도 남자 金은 ㅅ, ㅈ, ㅊ 중심에너지 (4획, 음) 받침 없이 수를 넣었다. 성과 이름 첫 자, 배와 수는(金生水)로 이름 첫 자, 수와 마지막 자, 호는(土生金)의 모두 상생인 배수호 ㅑ에너지 남자 이름을 지었다.

1년도 여자 金은 ㅅ, ㅈ, ㅊ 중심에너지 (5획, 양) 받침 없이 주를 넣었다. 성과 이름 첫 자, 유와 주는(土生金)으로 이름 첫 자, 주와 마지막 자, 미는(金生水)의 모두 상생인 유주미 ㅑ에너지 여자 이름을 지었다.

⑿ **중심에너지 ㅓ 이름 메이킹**
(누가 나를 생하고 음양이 서로 같을 때)

Order/ 성과 이름 받침 없이, 마지막 자는 받침을 넣어 상생으로

중심 ㅓ	4甲	5乙	6丙	7丁	8戊	9己	0庚	1辛	2壬	3癸
	木		火		土		金		水	
	남	여	남	여	남	여	남	여	**남**	**여**
성									이	배
이									주	지
름									한	은

작명해석/

출생 연도 끝자리 2년도(壬)와 3년도(癸)는 오행 水로 남자(양) 여자 (음)이다.

2년도 남자는 중심에너지 金의 ㅅ, ㅈ, ㅊ (5획, 양) 받침 없이 주를 넣었다. 성과 이름 첫 자, 이와 주는(土生金)으로 이름 첫 자, 주와 받침을 넣은 마지막 자, 한은(土生金)과 (火生土)의 모두 상생인 이주 한 ㅓ에너지 남자 이름을 지었다.

3년도 여자는 중심에너지 金의 ㅅ, ㅈ, ㅊ (4획, 음) 받침 없이 지를 넣었다. 성과 이름 첫 자, 배와 지는(金生水)로 이름 첫 자, 지와 받침을 넣은 마지막 자, 은은(土生金)과 (火生土)의 모두 상생인 배지은 ㅓ에너지 여자 이름을 지었다.

⒀ 중심에너지 ㅕ 이름 메이킹
(누가 나를 생하고 음양이 서로 다를 때)

Order/ 성과 이름 첫 자 받침 없이, 마지막 자는 받침을 넣어 상생으로

중심 ㅕ	4甲	5乙	6丙	7丁	8戊	9己	0庚	1辛	2壬	3癸
	木		火		土		金		水	
	남	여	남	여	남	여	남	여	남	여
성	구	최								
이	보	비								
름	승	송								

작명해석/

출생 연도 끝자리 4년도(甲)와 5년도(乙)는 오행 木으로 남자(양) 여
자(음)이다.

4년도 남자는 중심에너지 水의 ㅁ, ㅂ, ㅍ (6획, 음) 받침 없이 보를
넣었다. 성과 이름 첫 자, 구와 보는(水生木)으로 이름 첫 자, 보와
받침을 넣은 마지막 자, 승은(金生水)와 (土生金)의 모두 상생인 구보
승 ㅕ에너지 남자 이름을 지었다.

5년도 여자는 중심에너지 水의 ㅁ, ㅂ, ㅍ (5획, 양) 받침 없이 비를
넣었다. 성과 이름 첫 자, 최와 비는(金生水)로 이름 첫 자, 비와 받침
을 넣은 마지막 자, 송은(金生水)와 (土生金)의 모두 상생인 최비송
ㅕ에너지 여자 이름을 지었다.

7년을 구르고 7일을 산다

매해 여름이면 어김없이 우리에게 찾아와서 무더위 여름을 알리는 곤충이 있다.

7년간 땅속에서 애벌레로 구르고 세상 밖으로 나온 성충은 약 7일을 산다.

밭작물이나 곡식 등을 해하지 않고 동족의 곤충도 해치지 않으며 이슬만 먹고사는 곤충이 바로 매미이다.

밤새 이슬에 젖었던 날개를 말리고 체온이 높아지면 세상을 향해 자신의 존재를 알리며 목이 쉬도록 울어댄다.

인고의 시간이 지나 자신의 생을 마감할 시기를 맞이하면 가을을 알리는 귀뚜라미에게 자신의 자리를 내어주고 죽으면 빈 껍질만 남아 나뭇가지나 잎에 붙어있다가 바람이 불면 부는 대로 비가 내리면 내리는 비에 쓸려 어디론가 사라진다.

예로부터 매미를 칠승군자(七勝君子)의 하나로 여겼고 매미의 오덕 (五德)을 중시하여 군주가 쓰는 익선관(翼善冠)의 소각이나 대신들 관모(官帽)에 곤충(매미)의 날개를 부착하여 쓰던 이유가 있었다.

곧게 뻗은 입 모양이 학문을 하는 선비가 쓰는 갓끈과 같다 하여 첫째 덕 문(文)이라 하였고, 깨끗한 이슬만 먹고 산다고 하여 청렴의 표본인 둘째 덕 청(淸)이라 하였고, 사람이 정성껏 지은 곡식을 해하지 않으니 염치가 있다 하여 셋째 덕 염(廉)이라 하였고, 한 몸을 피할 집을 짓지 아니하니 검소하다 하여 넷째 덕 검(儉)이라 하였고, 떠날 때를 스스로 알고 지킬 줄 안다고 하여 다섯째 덕 신(信)이라 하였으며 이 다섯 가지를 매미의 오덕(五德-文淸廉儉信)이라 하였다.

매미의 오덕을 군자오덕(君子五德)이라 하여 군주와 대신들은 매미의 덕목을 바탕으로 몸소 실천하였을 뿐만 아니라 백성들을 다스리고 선정을 펼쳤었다.
긴 울음을 본떠서 매미 선(蟬) 자를 쓰는데 칠승군자의 승(勝)의 한자를 풀어보면 (月+力)/ 달(月)을 힘(力)으로 제압(制壓)하고 세상의 이치를 깨달았다 하여 매미를 칠승군자로 칭호(稱號)하였다.

칠승군자로 칭호하는 매미와 함께 연꽃(蓮花)을 든다.

신이 창조한 식물의 하나인 연꽃은 뿌리 연근이 암수가 있어 한쪽이 음(陰) 다른 한쪽이 양(陽)인 음양의 조화를 이룬 식물이다.

아름다운 연꽃은 맑은 물에서 자라는 것 같으나 오수(汚水)의 연못에서 성장하고 개화한다.

번뇌에서 열반(涅槃)한 석가를 일컫는 연꽃은 불가(佛家)의 상징이기도 하며 속세(俗世)의 더러움을 이기고 승리했다 하여 칠승군자로 칭호한다.

⒁ 중심에너지 ㅗ 이름 메이킹
(누가 나를 극하고 음양이 서로 같을 때)

Order/ 성과 이름 모두 받침을 넣어, 상극으로

중심 ㅗ	4甲	5乙	6丙	7丁	8戊	9己	0庚	1辛	2壬	3癸
	木		火		土		金		水	
	남	여	남	여	남	여	남	여	남	여
성			강	임						
이			민	문						
름			석	선						

출생 연도 끝자리 6년도(丙)와 7년도(丁)은 오행 火로 남자(양) 여자(음)이다.

6년도 남자는 중심에너지 水의 ㅁ, ㅂ, ㅍ (5획, 양) 받침을 넣어 민을 넣었다.
성은 받침을 넣은 극의 강으로 받침을 넣은 이름 첫 자, 민과 성의 강은(木剋土), (土剋水), (水剋火)로 받침을 넣은 이름 첫 자, 민과 받침을 넣은 마지막 자, 석은(水剋火), (火剋金), (金剋木)의 모두 상극인 강민석 ㅗ에너지 남자 이름을 지었다.

7년도 여자는 중심에너지 水의 ㅁ, ㅂ, ㅍ (6획, 음) 받침을 넣어 문을 넣었다.
성은 받침을 넣은 극의 임으로 받침을 넣은 이름 첫 자, 문과 성의 임은(土剋水), (水剋火)로 받침을 넣은 이름 첫 자, 문과 받침을 넣은 마지막 자, 선은(水剋火), (火剋金)의 모두 상극인 임문선 ㅗ에너지 여자 이름을 지었다.

⒂ 성씨의 극을 푸는 원리

성의 자음 초성과 받침의 관계가 극으로 이루어져 극을 풀어야 하는 성씨가 있다. 성씨의 극을 풀고 성의 받침과 이름 첫 자가 서로 극이 없을 경우 상생으로 본다.

물론, 한자가 아닌 한글의 경우다.
극으로 이루어진 보편적 한국의 성씨를 살펴보면 강, 경, 공, 궁, 남, 문, 민, 명, 반, 방, 봉, 변, 석, 선, 설, 손, 신, 엄, 염, 음, 임, 함, 전, 진, 천, 편, 팽 씨 등이 있다.

강씨(A) 성과 문씨(B) 성을 한 예로 들어보자.
(A) 성의 강은 초성 ㄱ이(木)이고 받침 ㅇ이(土)인 (木剋土)의 극이다. 성의 첫 자가 ㄱ인(木) 강의 경우 극을 풀어 상생이 되게 할 수 있는 방법은 두 가지를 생각해 볼 수 있는데 성의 강에 이름 첫 자음을 (木生火)의 자음(火) ㄴ, ㄷ, ㄹ, ㅌ과 (水生木)의 자음(水) ㅁ, ㅂ, ㅍ을 넣을 경우는 성의 극을 풀 수 있다.

첫째, 성의 강 ㄱ(木)에 가령. 이름 첫 자, 태(火)를 대입하면 (木生火)로 극이 있는 성 (木剋土) 강의 극이 풀어진다.
다음은 성의 강자의 받침 ㅇ과 이름 첫 자, 태의 ㅌ이 (火生土)가 되어 성의 극도 풀었을 뿐만 아니라 성의 받침과 이름 첫 자 자음이 상생으로 성과 이름 모두 상생이 된다.

두 번째, 성의 강 ㄱ(木)에 가령, 이름 첫 자, 미(水)를 대입하면 (水生木)으로 극이 있는 성 (木헌土) 강의 극이 풀어지지만, 성의 받침 ㅇ과 이름 첫 자, 미의 ㅁ이 (土헌水)로 극이 되기 때문에 이 경우는 불가능하다. 따라서 성의 극이 풀리는 상생 조건은 두 가지 중, 자음 (火) ㄴ, ㄷ, ㄹ, ㅌ 만 가능하다.

(B) 성의 문은 초성 ㅁ이(水)이고 받침 ㄴ이(火)인 (水헌火)의 극이다. 성의 첫 자가 ㅁ인(水) 문의 경우, 극을 풀어 상생이 되게 할 수 있는 방법은 두 가지를 생각해 볼 수 있는데 성의 문에 이름 첫 자음을 (水生木)의 자음(木) ㄱ, ㅋ과 (金生水)의 자음 (金) ㅅ, ㅈ, ㅊ 넣을 경우는 성의 극을 풀 수 있다.

첫째, 성의 문 ㅁ(水)에 가령, 이름 첫 자, 규(火)를 대입하면 (水生木)으로 극이 있는 성 (水헌火) 문 의 극이 풀어진다.
다음은 문의 문자의 받침 ㄴ과 이름 첫 자, 규의 ㄱ이 (木生火)가 되어 성의 극도 풀었을 뿐만 아니라 성의 받침과 이름 첫 자 자음이 상생으로 성과 이름 모두 상생이 된다.

두 번째, 성의 문 ㅁ(水)에 가령, 이름 첫 자, 서(金)를 대입하면 (金生水)로 극이 있는 성 (水헌火) 문의 극이 풀어지지만 성의 받침 ㄴ과 이름 첫 자, 서의 ㅅ이 (火헌金)으로 극이 되기 때문에 이 경우는 불가능하다. 따라서 성의 극이 풀리는 상생 조건은 두 가지 중, 자음 (木) ㄱ, ㅋ 만 가능하다.

(16) 중심에너지 ㅛ 이름 메이킹
(누가 나를 극하고 음양이 서로 다를 때)

Order/ 성의 극과 이름 첫 자를 풀고, 마지막 글자를 상생으로

중심ㅛ	4甲	5乙	6丙	7丁	8戊	9己	0庚	1辛	2壬	3癸
	木		火		土		金		水	
	남	여	남	여	**남**	**여**	남	여	남	여
성					변	민				
이					건	근				
름					호	해				

작명해석/

출생 연도 끝자리 8년도(戊)와 9년도(己)는 오행 土로 남자(양) 여자
(음)이다.

8년도 남자는 중심에너지 木의 ㄱ, ㅋ (4획, 음) 받침을 넣어 건을
넣었다.
성의 변 ㅂ(水)에 이름 첫 자, ㄱ(木)를 대입하여 (水生木)으로 극이
있는 성 (水剋火)변 의 극이 풀었다.
이름 첫 자, 건의 ㄱ(木)과 성의 받침 ㄴ(火)이 (木生火)로 상생이고
이름 첫 자, 건도 (木生火)로 상생이며 건과 마지막 자, 호도(火生土)
로 모두 상생인 변건호 ㅛ에너지 남자 이름을 지었다.

9년도 여자는 중심에너지 木의 ㄱ, ㅋ (3획, 양) 받침을 넣어 견을 넣었다.

성의 민 ㅁ(水)에 이름 첫 자, ㄱ(木)를 대입하여 (水生木)으로 극이 있는 성 (水剋火)민 의 극이 풀었다.

이름 첫 자, 근의 ㄱ(木)과 성의 받침 ㄴ(火)이 (木生火)로 상생이고 이름 첫 자, 근도 (木生火)로 상생이며 근과 마지막 자, 해도(火生土)로 모두 상생인 민근해 ㅛ에너지 여자 이름을 지었다.

(17) 중심에너지 ㅜ 이름 메이킹
(내가 누구를 극하고 음양이 서로 같을 때)

Order/ 성과 이름 모두 받침을 넣어 상생으로

중심 ㅜ	4甲	5乙	6丙	7丁	8戊	9己	0庚	1辛	2壬	3癸
	木		火		土		金		水	
	남	여	남	여	남	여	남	여	남	여
성							한	윤		
이							길	건		
름							환	은		

작명해석/

출생 연도 끝자리 0년도(庚)와 1년도(辛)는 오행 金으로 남자(양) 여자(음)이다.

0년도 남자는 중심에너지 木의 ㄱ, ㅋ (5획, 양) 받침을 넣어 길을 넣었다.

성과 이름 첫 자, 한과 길은(火生土), (木生火)로 이름 첫 자, 길과 마지막 자, 환은(木生火), (火生土)의 모두 상생인 한길환 ㅜ에너지 남자 이름을 지었다.

1년도 여자는 중심에너지 木의 ㄱ, ㅋ (4획, 음) 받침을 넣어 건을 넣었다.

성과 이름 첫 자, 윤과 건은 (火生土), (木生火)로 이름 첫 자, 건과 마지막 자, 은은(木生火), (火生土)의 모두 상생인 윤건은 ㅜ에너지 여자 이름을 지었다.

ㅜ 에너지 깜짝 팁(Tip)

ㅜ 에너지는 권위와 명예 신의와 체면을 중시하고, 희생과 의로움으로 살아가는 의기 충만한 에너지다.

활동적이고 활발하며 어떤 상황에도 극복 의지가 뛰어나고 의협심이 두터우며, 넓은 마음의 기개와 기상을 지녔다.

자신이 한 말에 대해 책임지려는 언동이 분명하고, 감각과 행동이 민첩하며 지혜와 재능이 비범하여 손끝으로 나오는 작품이나 도구를 사용하는 특별한 재주를 가졌다.

감정 흐름에 따른 극단적 면이 표출될 수 있으며, 성급한 판단으로 물리적 난폭함의 행동이 드러날 속성을 가지고 있는 부분을 유의해야 한다.

대인 관계 면에서는 여러 상황에 부딪혀도 금방 화해하고 친숙해지는 면이 있고, 혼란한 시기나 복잡한 상황에서 더 큰 능력을 발휘하는 비상함을 가진 에너지라고 할 수 있다.

(18) 중심에너지 ㅠ 이름 메이킹
(내가 누구를 극하고 음양이 서로 다를 때)

Order/ 성과 마지막 글자 받침을 넣어, 모두 상극으로

중심 ㅠ	4甲	5乙	6丙	7丁	8戊	9己	0庚	1辛	2壬	3癸
	木		火		土		金		水	
	남	여	남	여	남	여	남	여	남	여
성									염	임
이									태	나
름									신	민

작명해석/

출생 연도 끝자리 2년도(壬)와 3년도(癸)은 오행 水로 남자(양) 여자 (음)이다.

2년도 남자는 중심에너지 火의 ㄴ, ㄷ, ㄹ, ㅌ (6획, 음) 받침 없이 태를 넣었다.
성은 받침을 넣은 염(土剋水)의 상극으로, 이름 첫 자, 태와 성의 염은(土剋水), (水剋火)로 이름 첫 자, 태와 마지막 자, 신은(火剋金)의 모두 상극인 염태신 ㅠ에너지 남자 이름을 지었다.

3년도 여자는 중심에너지 火의 ㄴ, ㄷ, ㄹ, ㅌ (3획, 양) 받침 없이 나를 넣었다.

성은 받침을 넣은 임(土剋水)의 상극으로, 이름 첫 자, 나와 성의 임은(土剋水), (水剋火)로 이름 첫 자, 나와 마지막 자, 민은(水剋火)의 모두 상극인 임나민 ㅠ에너지 여자 이름을 지었다.

(19) 중심에너지 ㅡ 이름 메이킹
(내가 누구를 생하고 음양이 서로 같을 때)

Order/ 원리에 맞게 상생, 혹은 상극으로

중심 ㅡ	4甲	5乙	6丙	7丁	8戊	9己	0庚	1辛	2壬	3癸
	木		火		土		金		水	
	남	여	남	여	남	여	남	여	남	여
성	강	서								
이	택	남								
름	모	희								

작명해석/

출생 연도 끝자리 4년도(甲)와 5년도(乙)는 오행 木으로 남자(양) 여자(음)이다.

4년도 남자는 중심에너지 火의 ㄴ, ㄷ, ㄹ, ㅌ (7획, 양) 받침을 넣어 택을 넣었다.

성의 강 ㄱ(木)에 이름 첫 자, ㅌ(火)를 대입하여 (木生火)로 극이 있는 성 (木剋土)강 의 극이 풀었다.
이름 첫 자, 택의 ㅌ(火)와 성의 받침 ㅇ(土)이 (火生土)로 상생이고 이름 첫 자, 택도 (木生火)로 상생이며 택의 ㄱ과 마지막 자, 모도(水生木)으로 모두 상생인 강택모 ㅡ에너지 남자 이름을 지었다.

5년도 여자는 중심에너지 火의 ㄴ, ㄷ, ㄹ, ㅌ (6획, 음) 받침을 넣어 남을 넣었다.

성은 받침 없는 서로, 이름 첫 자, 남과 성의 서는(火剋金)의 상극으로, 이름 첫 자, 남도 (水剋火)의 상극으로, 이름 첫 자, 남의 ㅁ과 마지막 자, 희도 (土剋水)의 모두 상극인 서남희 ㅡ에너지 여자 이름을 지었다.

---

⑳ 중심에너지 ㅣ의 이름 메이킹
(내가 누구를 생하고 음양이 서로 다를 때)

Order/ 원리에 맞게 상생, 혹은 상극으로

중심 ㅣ	4甲	5乙	6丙	7丁	8戊	9己	0庚	1辛	2壬	3癸
	木		火		土		金		水	
	남	여	남	여	남	여	남	여	남	여
성			조	진						
이			유	희						
름			택	주						

작명해석/

출생 연도 끝자리 6년도(丙)와 7년도(丁)는 오행 火로 남자(양) 여자(음)이다.

6년도 남자는 중심에너지 土의 ㅇ, ㅎ (4획, 음) 받침 없이 유를 넣었다. 성과 이름 첫 자, 유는(土生金)으로 이름 첫 자, 유과 받침을 넣은 마지막 자, 택은(火生土), (木生火)의 모두 상생인 조유택 ㅣ에너지 남자 이름을 지었다.

7년도 여자는 중심에너지 土의 ㅇ, ㅎ (5획, 양) 받침 없이 희를 넣었다. 성의 진 ㅈ(金)에 이름 첫 자, ㅎ(土)를 대입하여 (土生金)으로 극이 있는 성(火剋金)진 의 극이 풀었다.

이름 첫 자, 희의 ㅎ(土)와 성의 받침 ㄴ(火)가 (火生土)로 상생이고 이름 첫 자, 희와 마지막 자, 주가(土生金)의 모두 상생인 진희주 ㅣ 에너지 여자 이름을 지었다.

지금까지 모음 에너지(ㅏ ~ ㅣ 까지) 공식에 맞게 중심에너지의 이름을 작명해 보았다.
나머지 빈 천간 부분들은 스스로가 꼭! 작명해 보아야 한다.

삼국지 인물과 에너지 비교

모음 에너지의 각 내면 특성을 이해하기 쉽게 삼국지에 등장하는 주요 인물들을 예로 들었으니 비교해서 살펴보도록 하자.

(ㅏ) 주유(周瑜, 175~210) 자는 공근(公瑾)이며 대대로 고관을 지낸 명문가 출신이다.
　　명문가 자제답게 자신감 넘치는 인물이었다. 적벽대전에서 주유는 손권에게 5만의 군사를 청했는데 손권은 3만을 주었다. 이후 그는 유비와 만나는데 유비가 조조를 격파하기는 숫자가 모자란다고 말하자 주유는, "격파하기 충분하니 유공은 지켜보기만 하시오". 한 까닭은 그의 성격을 잘 대변해 준다. 당대 최고의 군략가였던 조조도 나이가 어리면서도 훌륭한 재능을 가지고 있다고 높이 평가하였고 "손권은 주근공이 없었다면 나는 제왕이 될 수 없을 것이다." 라고 하며 주근공과 사귐은 마치 향기 나는 술맛과 같아서 스스로 취함을 느끼지 못한다 라고 했다.

(ㅑ) 노숙(魯肅, 172~217) 자는 자경(子敬)이며 정치가였으며 집안
이 부유하였다.

사람에게 베푸는 걸 좋아했고 돈을 풀어 가난한 자를 구휼 하고
인재들과 교제를 쌓아 고을의 환심을 샀다. 주유가 노숙을 손권
에게 추천을 했다. 손권의 신하들은 모두 조조에게 항복하여 오
나라의 평화를 지키자고 주장하였으나 노숙은 홀로 유비와 결탁
하여 형주를 점령하고 조조와 항전하자고 주장하였다. 그후 노
숙은 당양으로 가서 유비와 동맹을 맺고 주유와 함께 적벽대전
에서 대승을 하게 된다.

(ㅓ) 제갈량(諸葛亮, 181~234) 자는 공명(孔明)이며 정치인이고 재
상이다.

별호로 와룡(臥龍) 또는 복룡(伏龍)으로 후한말 군웅인 유비를
도와 촉한을 건국하는 제업을 이루었다.

중국 역사상 지략과 충의의 전략가로 알려졌으며 많은 이들의
추앙을 받았다. 그는 백성을 안정시키고 가야 할 길을 제시했으
며 시대에 맞는 정책을 내고 마음을 열어 공정한 정치를 행하였
다. 그로 인해 영토 안의 사람들은 그를 존경하고 사랑했다. 형
벌과 정치가 엄격했음에도 불구하고 원망하는 자가 없었던 것은
그의 마음가짐이 공평하고 상벌이 명확했기 때문이었다. 그러나
매년 군세를 동원하면서 성공을 거둘 수 없었던 것은 치밀한 군
략 때문이었다.

(ㅓ) 조조(曹操, 155~220) 자는 맹덕(孟德)이며 조위(曹魏), 무황제(武皇帝) 정치인이다.

후한이 그 힘을 잃어가던 시기에 비상하고 탁월한 재능으로 두각을 드러내던 인물이었다. 여러 제후 들을 연달아 격파하고 중국 대륙 대부분을 통일하여 위나라가 세워질 수 있도록 기틀을 닦았다. 그는 삼국지의 영웅들 가운데 시대를 초월한 영웅인 초세지걸(超世之傑)이었다는 평가와 후한을 멸망시킨 난세 때 민간인과 포로를 무자비하게 학살한 폭군으로 행사해 간웅(奸雄)으로 평가된다.

(ㅗ) 손권(孫權, 182~252) 자는 중모(仲謀)이며 오 태조(吳 太祖), 대황제(大皇帝) 오나라 초대 황제이다.

그는 장강을 건너 남쪽으로 내려온 지방호족 세력을 신임하는 동시에 출신성분을 가리지 않고 재능을 가진 인물들을 발탁했다. 또한 남방의 특징을 파악하여 점진적으로 강동, 특히 지금의 장쑤성 쑤저우 오현에 해당하는 오군(吳郡)의 호족 지주와 긴밀하게 연합하여 높은 관직을 위임하는 등 그들을 끌어내는데 힘을 다했다. 경제가 발달한 태호 유역을 거점으로 세력이 막강했던 호족 지주들은 자신들의 이익을 충분히 지켜줄 수 있다고 판단하여 그를 지지하고 충성을 하며 서로 간 연대를 이루었다.

(ㅛ) 사마의(司馬懿, 179~251) 자는 중달(仲達)로 진 고조(晉 高祖) 선황제(宣皇帝) 서진 추존 황제이다.

탁월한 재능으로 학문으로 다스리고 무술로서 위세를 떨쳤으며 깊은 정과 헤아림을 평가하면서도 군사를 운용할 때 수비만 하는 것은 장수 도를 그르친 것 이라고 비판도 하였다. 또한 후사를 부탁한 위명제를 향하여 조예의 능의 흙이 마르기도 전에 정변을 일으킨 것은 충정된 신하의 길이 아니라고 비판을 하기도 하였다.

(ㅠ) 장비(張飛, ? ~221) 자는 익덕(益德) 촉한의 장군이다.

형제 같은 유비, 관우와 생사고락을 같이하며 이름을 떨쳤다. 충의는 용맹을 부르는 소호(김虎) 같았고 명성은 온 천하 사해(四海)에 떨쳤다. 호랑이 같은 웅장함과 씩씩함으로 세상을 바로 잡는 데 앞장서서 헌신했다. 때로는 사람을 무례히 대하는 면도 있었지만 온갖 고난 속에서도 번개처럼 날아 유비의 곁에서 그를 지켜 그의 한조(翰藻) 부흥을 도왔다.

(ㅠ) 유비(劉備, 161~223) 자는 현덕(玄德)으로 한열조(漢 烈祖) 소열황제(昭烈皇帝) 촉한 초대 황제이다.

선주는 홍의(弘毅) 포부가 크고 군세고 관후(寬厚) 너그럽고 후하였으며 지인(知人) 사람을 알아봤고 대사(待士) 선비를 대우하여 한 고조의 풍도와 영웅의 그릇을 갖추었다. 비록 전패(顚沛) 넘어지고 엎어져 험난함에 처했으나 신의를 더욱 밝히고 형세가 궁핍하고 사정이 위급하여도 그 말이 도를 잃지 않았다. 경승(景升) 유표의 고명을 따르니 삼군이 진정으로 감복하고 부의지사(赴義之士) 대의를 쫓는 선비를 연모하니 그들이 기꺼이 패배를 함께했다. 그가 뭇 사람의 마음을 얻은 까닭은 투료무한(投醪撫

寒) 술을 내버리고 백성의 빈한함을 어루만졌으며 함료문질(含蓼問疾) 여뀌를 머금어 그 쓴맛을 감수하며 질병을 보살폈던 것이 그가 대업을 이룬 결과였다.

(ㅡ) 관우(關羽, ? ~220) 자는 운장(雲長) 촉한의 장군이다.

의제 장비와 더불어 유비를 오랫동안 섬기며 촉한 건국에 지대한 공로를 세웠다. 충성심과 의리, 당당한 성품으로 인해 동아시아에서 가장 잘 알려진 장수로 손꼽힌다. 그는 만인지적(萬人之敵)이라고 칭해진 당세의 범같이 용맹한 호신(虎臣) 신하였다. 그는 조공(曹公)에게 보효(報效) 힘써 보답하고 장비는 의(義)로써 엄안(嚴顔) 근엄함을 놓아줌으로 국사의 풍모(風貌)가 있었으며 강이자긍(剛而自矜) 올곧고 강한 자부심이 단점이 되어 패망하게 되었다.

(ㅣ) 사마휘(司馬徽, ?~208) 자는 덕조(德操)이며 수경선생 이라 불리웠다.

그는 감정능력과 인재 발굴 능력에 특출할 만큼 지혜가 뛰어났다고 전해진다. 그의 대표적 제자로는 서서, 제갈량, 방통이며 최주평, 석도, 맹건 등도 제자로 알려져 있다. 그는 복룡과 봉추 두 사람 중 한 사람만 얻어도 천하를 얻을 수 있다는 말을 하기도 하였다.

삼국지 등장인물의 예는 각 에너지가 가진 특징을 이해하는 데 도움이 되므로 주의 깊게 살펴보는 것이 바람직하다.

이름을 분석하고 짓는 것은 각 원리에 따른 이해와 꾸준한 복습이 우선이므로 보다 꼼꼼한 인지와 적용훈련이 필요하다.

이름을 짓고 난 후 대상자 성향을 잘 파악하여 좋은 뜻의 한자를 얹어주되 이름과 뜻의 영향력이 효과적으로 발휘될 수 있도록 하는 과학적 전달체계 적용 부분은 Step4 꿈의 전송 알지톡의 비밀에 자세히 실었으니 참고하길 바란다.

복성(複姓)에 관한 구분 방법

중국과 한국의 성씨는 대체로 한 글자 성으로 이루어졌지만 성이 두 자로 된 복성이 있다.

복성이란 성이 두 자로 된 성을 복성이라고 하는데 한국의 최대 복성으로 남궁, 독고, 선우, 제갈, 황보 등이 있으며 복성에 대다수 이름을 외자로 써왔지만 고려 시대와 근대 이후에 들어 두 자를 쓰기도 하였다. (네이버 나무위키)

복성을 가진 사람들의 성씨와 이름 에너지를 산출할 때는 다음과 같은 원리에 의한다.

성씨가 복성인 남궁과 이름이 혁(외자)인 경우 성씨의 남궁의 마지막 자, 궁을 성씨로 보고 이름을 혁으로 보아 성명은 궁혁이 되고 황보서윤 (두자) 이라는 이름은 성씨 황보의 마지막 자, 인 보를 성씨로 보며 이름이 서윤이 되어 성명은 보서윤이 된다.

제갈공명도 역시 마찬가지다.

성씨 제갈의 마지막 자, 갈을 성씨로 보며 이름이 공명이 되어 성명은 갈공명이 된다.

외국인 이름 분석 적용법

한국인 이름 작명뿐만 아니라 외국인 이름까지도 작명할 수 있는데 외국인의 이름도 한글 발음에 의해 분석을 하며 모음 에너지 추출 방법도 한국 이름과 동일하게 적용할 수 있다.

외국인의 경우 우리 이름과는 달리 성과 이름을 역으로 전환해야 하며 외국인 이름 발음은 아래에 상세히 분류하였으므로 참고하길 바란다.

그럼 외국인 작명 원리에 관하여 유명인사 몇 사람 예를 한번 들어보자.

먼저, 2013년 포브스 세계에서 가장 영향력 있는 유명인사 100인 중 한 사람으로 수상 되었던 미국 45대 도널드 트럼프 대통령을 예로 들어보면, 그는 1946년 6월생이다.
본래 이름인 도널드 존 트럼프를 도널드 트럼프로 보며, 도널드 트럼프는 이름을 전환하면 트럼프 도널드가 된다.
그럼 트럼프의 프가 성이 되고 도널드의 도는 이름 첫 자가 되며 널드는 이름 끝 자가 된다.

2020년 제92회 아카데미 시상식에서 남우주연상을 받은 유명 영화

배우 호아킨 피닉스는 1974년 10월생이다.

호아킨 피닉스도 이름을 역으로 전환하면 피닉스 호아킨이 된다.

그럼 피닉스 호아킨 역시, 피닉스의 스가 성이 되고 호아킨의 호가 이름 첫 자가 되며 아킨은 이름 끝 자가 된다.

당시, 남우조연상을 받았던 잘 알려진 유명 영화배우 브래드 피트는 1963년 12월생이다.

브래드 피트도 이름을 역으로 전환하면 피트 브래드가 된다.

그럼 피트 브래드 역시, 피트의 트가 성이 되고 브래드의 브는 이름 첫 자가 되며 래드는 이름 끝 자가 된다.

러시아 연방 정치인이며 우크라이나를 무력으로 점령하여 전 세계 지탄받고 있는 독재자 러시아 대통령 블라드미르 푸틴 대통령은 1952년 10월생이다.

블라드미르 푸틴도 이름을 전환하면 푸틴 블라드미르가 된다.

그럼 푸틴 블라드미르 역시, 푸틴의 틴이 성이 되고 블라드미르의 블이 이름 첫 자가 되며 미르가 이름 끝 자가 된다.

중국 최고의 지도자였던 등소평, 덩샤오핑은 1904년 8월생이다.

한자어는 발음 그대로 적용을 하고 분석하는데 덩이 성이 되고 샤오의 샤가 이름 첫 자가 되며 핑은 이름 끝 자가 된다.

중국 공산주의 혁명가였던 모택동, 마오쩌둥은 1893년 12월생이다.

한자어 발음 그대로 적용을 하고 분석을 하면 마오의 마가 성이 되고 쩌가 이름 첫 자가 되며 둥이 이름 끝 자가 된다.

이름 첫 자는 그 사람의 중심 모음 에너지이며 적용되는 방법과 에너지 분석 방법은 동일하다.

＊ 위의 사람들 모음 에너지 산출은 각자가 해보고 그 에너지 특성이 어떤지 살펴보도록 하자.

자모음 영문표기 방법

자음(Consonant)

ㄱ	ㄴ	ㄷ	ㄹ	ㅁ	ㅂ	ㅅ	ㅇ	ㅈ	ㅊ	ㅋ	ㅌ	ㅍ	ㅎ
G/K	N	D/Tt	R	M	B/P	S	ng	J/CH	CH	K	T	P	H

ㄲ	ㄸ	ㅃ	ㅆ	ㅉ
K	T	P	S	CH

모음(Vowel)

ㅏ	ㅑ	ㅓ	ㅕ	ㅗ	ㅛ	ㅜ	ㅠ	ㅡ	ㅣ
A	YA	EO	YEO	O	YO	U	YU	EU	I

자음＋모음(Consonnant+Vowel)

가	갸	거	겨	고	교	구	규	그	기
GA	GYA	GEO	GYEO	GO	GYO	GU	GYU	GEU	GI
KA	KYA	KEO	KYEO	KO	KYO	KU	KYU	KEU	KI

나	냐	너	녀	노	뇨	누	뉴	느	니
NA	NYA	NEO	NYEO	NO	NYO	NU	NYU	NEU	NI

다	댜	더	뎌	도	됴	두	듀	드	디
DA	DYA	DEO	DYEO	DO	DYO	DU	DYU	DEU	DI
TA	TYA	TEO	TYEO	TO	TYO	TU	TYU	TEU	TI

라	랴	러	려	로	료	루	류	르	리
RA	RYA	REO	RYEO	RO	RYO	RU	RYU	REU	RI

마	먀	머	며	모	묘	무	뮤	므	미
MA	MYA	MEO	MYEO	MO	MYO	MU	MYU	MEU	MI

바	뱌	버	벼	보	뵤	부	뷰	브	비
BA	BYA	BEO	BYEO	BO	BYO	BU	BYU	BEU	BI
PA	PYA	PEO	PYEO	PO	PYO	PU	PYU	PEU	PI

사	샤	서	셔	소	쇼	수	슈	스	시
SA	SYA	SEO	SYEO	SO	SYO	SU	SYU	SEU	SI

아	야	어	여	오	요	우	유	으	이
A	YA	EO	YEO	O	YO	U	YU	EU	I

자	쟈	저	져	조	죠	주	쥬	즈	지
JA	JYA	JEO	JYEO	JO	JYO	JU	JYU	JEU	JI
CHA	CHYA	CHEO	CHYEO	CHO	CHYO	CHU	CHYU	CHEU	CHI

차	챠	처	쳐	초	쵸	추	츄	츠	치
CHA	CHYA	CHEO	CHYEO	CHO	CHYO	CHU	CHYU	CHEU	CHI

카	캬	키	켜	코	쿄	쿠	큐	크	키
KA	KYA	KEO	KYEO	KO	KYO	KU	KYU	KEU	KI

타	탸	터	텨	토	툐	투	튜	트	티
TA	TYA	TEO	TYEO	TO	TYO	TU	TYU	TEU	TI

파	퍄	퍼	펴	포	표	푸	퓨	프	피
PA	PYA	PEO	PYEO	PO	PYO	PU	PYU	PEU	PI

하	햐	허	혀	호	효	후	휴	흐	히
HA	HYA	HEO	HYEO	HO	HYO	HU	HYU	HEU	HI

까	꺄	꺼	껴	꼬	꾜	꾸	뀨	끄	끼
KA	KYA	KEO	KYEO	KO	KYO	KU	KYU	KEU	KI

따	땨	떠	뗘	또	뚀	뚜	뜌	뜨	띠
TA	TYA	TEO	TYEO	TO	TYO	TU	TYU	TEU	TI

빠	뺘	뻐	뼈	뽀	뾰	뿌	쀼	쁘	삐
PA	PYA	PEO	PYEO	PO	PYO	PU	PYU	PEU	PI

싸	쌰	써	쎠	쏘	쑈	쑤	쓔	쓰	씨
SA	SYA	SEO	SYEO	SO	SYO	SU	SYU	SEU	SI

짜	쨔	쩌	쪄	쪼	쬬	쭈	쮸	쯔	찌
CHA	CHYA	CHEO	CHYEO	CHO	CHYO	CHU	CHYU	CHEU	CHI

Step 3

성공을 위한 지렛대 원리

생각과 판단 선택과 결과

모든 사람은 태어나면서 운명이 정해져 있는 것이 아니며 그 누구도 잘못 태어났거나 실패된 삶으로 살아갈 수밖에 없다고 단정 짓는 건 대단히 어리석은 짓이다.

다만 자신의 운명을 스스로 개척하고 만들어 가는 것이 유한한 인간에게 주어진 지혜로운 삶이기 때문이다.

창조주 하나님은 모든 만물을 말씀으로 창조하셨고 당신의 형상대로 흙으로 빚은 첫 번째 사람인 아담을 보고 기뻐하셨다.

홀로 지음을 받은 아담을 보며 혼자 있는 것이 좋지 못하여 그의 신체 일부로 여자인 하와를 창조하였고 아름다운 에덴 낙원에서 행복하게 영원히 살도록 기회를 제공하셨다.

그뿐만 아니라 만물의 모든 이름을 그에게 짓도록 인류 최초의 작명을 허락하셨으며 생육하고 번성하여 땅에 충만토록 누림의 축복을 주셨다.

그리고 아담에게 에덴의 모든 것을 먹되 유일하게 선과 악을 알게 하는 나무 열매는 먹지 말도록 명령하였으며 만일 먹을 때는 정령 죽는다는 아담과의 계약관계를 맺으셨다.

그러나 사탄의 원조인 뱀은 교묘히도 인간의 나약한 생각을 이용하여 그의 아내 하와에게 다가와 그 열매를 먹어도 죽지 않을 뿐만 아니라 신과 같이 된다는 간교한 꼬임에 넘어가 열매를 선택하여 먹게 되고 남편인 아담도 같이 먹음으로 말미암아 결국 하나님과 인간과의 계약

관계는 파기가 되었다.

아담의 생각과 판단에 따른 선택의 결과는 결국 신과의 사전 계약관계가 파기됨으로 아름다운 낙원 에덴에서 쫓겨나게 되고 인간세계는 영원한 생명을 박탈당하고 죽음을 맞게 되는 성경(창 1장~3장)의 내용을 존 밀턴의 실낙원에 자세히 소개하고 있다.

최초의 인간은 잘못된 생각과 판단으로 인해 모든 것을 잃었을 뿐만 아니라 유한한 생명의 인류 존재가 된 것이다.

그러나 하나님은 인류를 사랑하시고 그들을 구원하시기 위해 당신의 유일한 독생자 예수를 이 땅에 보내어 십자가에서 화목제물을 담당시키셨고 죄로 인한 죽음과 사탄의 저주를 끊으시고 당신과의 모든 관계를 회복시키셨다.

그리고 당신이 값없이 베푸신 사랑을 통해 온 인류가 영원한 나라 가기까지 당신이 몸소 보이신 그 사랑의 실천을 요구하셨다.
원래 우리 인간은 창조주의 마음을 닮아 선한 마음의 선한 영향력 품었던 존재였다.
선한 영향력은 선한 생각과 마음으로부터 기인한다.
선한 마음의 중심에는 말씀으로 세상을 창조하신 창조주의 성품이 내포되어있으며 그 말씀 속에는 상상치 못할 놀랍고 강력한 힘(Energy)이 있다.

인간은 생각과 판단을 통해 행동하게 되어 있으며 선택의 기회에 따른 결과를 얻는 게 당연한 이치이다.

선한 생각을 하여 판단하고 선택했으면 선한 선택한 결과를 얻게 되고 악한 생각을 하여 판단하고 선택했으면 악한 선택한 결과를 얻게 된다는 것을 모르는 사람은 없다.

모든 것은 생각의 주체인 자신의 자유 의지며 생각과 판단에 따른 선택과 결과는 오직 자신에게 달려있다.

어떻게 생각하느냐에 따라 그 생각과 선택이 옳을 수도 있고 틀릴 수도 있다.

선택의 결과는 본인의 몫이기 때문이다.

우린 자신이 생각한 것에 집중하고 추구하는 가치와 기준에 따라 행동하며 그 목표를 향해 끊임없이 노력하고 살아간다.

자기가 생각하고 판단한 것에 의한 성공의 결과를 얻기도 하지만 때로는 생각하고 판단한 것으로 인해 실패를 겪기도 한다.

성공한 사람들은 「뜻이 있는 곳엔 반드시 길이 있다」는 말을 삶의 원칙과 생활신조로 삼고 절대 포기하지 않았으며 자신이 갖고 있는 위대한 잠재적 위력을 믿고 수없이 노력했던 것이다.

또한 그들은 계획을 세웠을 때 할 수 있음의 자신감과 자신을 북돋는 내적 소리에 귀 기울였으며 고난과 역경이 와도 흔들리지 않고 끈질기게 도전했던 믿음의 소유자들이었다.

생각하고 판단하고 선택한 것의 결과가 행여 실패를 불러왔을지라도 훌훌 털고 일어설 수 있었던 것은 위기의 순간에 과감하게 수정하며 새롭게 변화할 수 있는 용기와 행동이 성공을 불러온 것이다.

실패하고 좌절하고 무너지는 사람들 대부분은 생각의 실수를 인정하지 않고 운명이나 환경 탓으로 돌리고 자괴감에 스스로를 포기한 사람들이다.

올바른 생각의 판단과 선택과 결정이 원하던 목적대로 이루어지지 않았다면 그건 생각한 것을 이루기 위한 간절함의 부족이고 이루었다면 그건 생각에 의한 절대적 신뢰에서 비롯된다.
모든 것은 생각에 달려있고 그 생각과 선택의 차이에 따라 모든 것이 지배되고 지배받는다.
우린 생각 속에서 자기도 모르게 가슴 뛰는 또는 설레는 어떠한 현상들을 경험하게 되는데 오랫동안 가시지 않고 마음 깊은 곳에 있기도 하며 때로는 그것이 일부가 아닌 생각의 전부인 것 같은 그 무엇을 꿈이라고 한다.

대다수 사람들에게 꿈이 있냐고 물어보면 꿈의 확실한 주체를 찾지 못하고 쉽게 대답하기 곤란한 게 꿈이다.
꿈은 직·간접적인 다양한 관심과 질문 생각들이 모이고 모여 깊이 있게 생각하는 내적 희열의 호기심으로부터 출발한다.
알지 못했던 것의 발견이나 새로운 걸 알고 싶어지는 그 무엇이며 마음이나 생각으로부터 점령을 당해 나타나는 골똘한 생각이 바로 꿈이다.

다만 그 꿈은 열린 가능성일 뿐 잠재의식 속으로 사라지고 무의식세계로 숨어버리는 게 또한 꿈이다.

자음과 오행으로 분석한 꿈

꿈을 만드는 생각의 동력(Energy)은 어디에서 오는가?
꿈은 가시화된 이미지로서 그걸 이루고자 하는 마음속 상(想)을 말하는데 잠자는 동안 꾸는 꿈을 비롯한 무한한 상상의 나래를 펴서 마치 그것이 이루어진 것처럼 사물을 보는 것 같은 몽환적 현상도 꿈이다.

눈에 보일 듯 손에 잡힐 듯 가슴 설레는 행복한 상상을 이야기하면 '쓸데없는 생각하지 말고 공부나 해!'하고 머리를 쥐어박히거나 등짝을 스매싱 당하고 화들짝 상상이 깨졌던 경험도 일종의 꿈이다.

제한된 상황과 조건 때문에 생각하는 것조차 고급스러운 것이 되어버린 꿈 아니 아예 잊고 살아온 지 오래라 꿈에 대한 관심이 부담스럽다고 말하기엔 아직 이르지 않을까?

그 꿈은 자신의 가슴을 설레게 했던 아직은 실천하지 못한 소중한 것일 수 있다. 그렇다면 생각만 해놓고 실행에 옮기지 못한 그 꿈을 자모음과 오행을 결부하여 한번 풀어보자.

꿈 자의 한글 자모음을 분석해 보면 꿈은 (ㄲ)+(ㅜ)+(ㅁ)으로 (ㄲ)은 자음 ㄱ으로 본다. 자음 ㄱ은 오행의 목(木)이고 자음 ㅁ은 오행의 수(水)다. 모음 ㅜ를 중심으로 볼 때 ㄲ은 나무 木으로 ㅁ인 물 水가 나무를 살리기 위해 기꺼이 자신을 희생해서 살게 하는 수생목(水生木) 관계이다.

ㄲ(木)은 ㅁ(水)의 도움에 힘입어 자라고 성장해서 사람들에게 시원한 그늘을 제공해줄 뿐만 아니라 탐스럽고도 풍성한 결실의 영향력을

창출해내는 것이 꿈이다.

나무가 자라고 성장하기 위해선 물도 절대적으로 필요로 하지만 때론 모진 태풍에도 추운 혹한에도 때론 자신을 갉아먹는 병충해와도 맞서 싸우고 견뎌야 하는 역경을 동반한다. 나무가 이 모든 것들을 견디고 이겨낼 수 있었던 건 풍성한 가지와 탐스러운 열매가 달린 꿈을 생각하면 이것쯤은 아무것도 아니라고 여겼기 때문이다.
꿈의 강력한 욕구는 어떠한 역경을 이기고 극복할 수 있는 놀라운 에너지이고 힘이며 가시적 범위 넘어 무한가능성을 표출시키는 위대한 원천이 되게 한다.

꿈을 이루는 3가지 법칙

1. 흐트러진 마음을 되잡는 신(新)
2. 배우고 익힘의 경청하는 신(信)
3. 가능성을 절대 신뢰하는 신(神)

1. 새로울 신(新)-한자를 분석해 보면 설립(立) 아래 나무 목(木)이 있고 오른쪽에 도끼 근(斤)이 있다. 이 풀이는 도끼로 나무를 치면 새로 싹이 난다. 라는 뜻으로 늘 초심으로 돌아가 새롭게 하라는 풀이다.

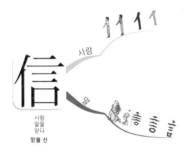

2. 믿을 신(信)-한자를 분석해 보면 사람인(人)과 오른쪽에 말씀 언(言)이 있다. 이 풀이는 인품과 인격있는 사람의 가르침을 경청해서 들으라는 뜻풀이다.

3. 귀신 신(神)-한자를 분석해 보면 왼쪽 보일시(示)와 오른쪽 원숭이 신(申)으로 원숭이 눈으로 보면 모든 것이 만만해 보이는 뜻풀이로 절대적 믿음의 뜻으로 해석하기도 한다.

꿈을 이루기 위한 3가지 법칙의 종합적 의미는 늘 초심으로 돌아가 되돌아보는 겸손함과 누구에게든 배우고 익히고 깨닫는 순수함 그리고 절대적 확신과 믿음의 신뢰감이다.

꿈의 목적과 목표는 그걸 이루기 위한 의미와 가치가 무언지를 명확히 해야 하고 타깃에 정확히 맞추어야 성공의 결과를 얻게 된다.

궁수가 목표의 조준점을 향해 활시위를 당길 때 집중력이나 힘 조절에 실패해서 때론 빗나갈 수도 있다.

결과가 좋지 못하다고 좌절하고 포기할 수도 있고 다시 집중하여 활시위를 당기기 위한 수고의 노력을 기울일 수도 있다.

포기를 하느냐 다시 노력을 기울이느냐는 오직 본인 의지에 달려있고 본인 선택의 몫이다.

여기서 중요한 건 타깃의 정확한 타점을 향한 이미지의 시각화다. 뜻하거나 이루고 싶은 결과의 이미지를 시각화하고 그것에 모든 것을 집중하는 것인데 궁수의 목적은 정확한 타점의 결과이기 때문이다. 정확한 타깃 타점의 결과 이미지를 먼저 시각화한 다음, 호흡과 힘 조절에 집중하여 활시위를 당기는 것이다.

꿈은 오로지 자기의 이익적 사고나 탐욕에 따른 결과물만을 생각해서는 안 된다.
꿈은 특별한 가치와 의미를 담고 있어 주체와 상호 간 서로의 역할이 중요하다.
어떤 목적으로 그 꿈을 담아낼 것인가가 문제의 관건이다.
오랫동안 노력하고 훈련하여 당긴 선한 의도의 활시위는 올림픽 금메달로 국위선양을 할 수도 있지만 혹, 악한 의도로 당긴 활시위는 사람을 해치거나 결코 좋지 않은 결과를 낳기 때문이다.

여기에 병이 있다고 하자.
병은 그냥 병일 뿐이다. 그러나 물을 담으면 물병이 되고 그곳에 꽃을 꽂으면 꽃병이 되고 샴페인을 담으면 샴페인 병이 되고 약을 담으면 약병이 된다.

사막에서 물을 간절히 찾는 물이 담긴 물병은 목을 축이고 기운을 얻는 생명수가 되고 테이블이나 식탁의 꽃이 담긴 꽃병은 아름다운 꽃과 향기로 분위기를 더해 주며 축하의 의미로 샴페인이 담긴 병은 축하를 받는 사람의 기쁨을 더해주는 매개체가 되고 독감으로 몸져누워 있는 사람에게 따끈하게 데워주는 약이 담긴 약병은 회복되는데 필요한 치료제가 된다.

병은 그냥 병일 뿐이지만 그 병이 담긴 걸 필요로 하는 곳에 적절하게 사용된다면 병과 그 내용물은 서로의 목적을 이루는데 필요한 상대적 가치와 의미가 되기 때문이다.

꿈을 이루기 위한 오행의 관계는 상생의 원리로서 서로를 돕는데 그 의의가 있다.

나무가 살고 자라기 위해선 물의 도움이 필요로 하고 물의 선한 영향력을 통해 나무를 살리므로 나무와 물은 상호 보완적 관계의 의미가 되는 것이다.

꿈 역시 주체인 자신이 존재와 관련하여 얼마만큼 유익한 꿈을 꾸느냐에 따라 성공과 밀접한 관련이 있다고 볼 수 있다.

무모한 시도의 밑거름

모든 문명 발전의 시작은 왜? 라는 질문으로부터 출발했다고 해도 과언이 아니다.

그 질문은 호기심으로부터 시작되었으며 또한 자기 자신을 발견하는 중요한 요소가 된다.

왜? 라는 질문을 깊이 들어가면 들어갈수록 원하고 집중하는 것의 범위와 크기가 달라지는데 질문의 범위와 크기가 달라진다는 것에 대해 그다지 신뢰하지 못한다.

왜 그럴까? 그건 바로 불가능하다는 의심 때문이다.

「불가능의 불신은 부정적 생각으로부터 시작되는데 불신을 조장한 부정적 생각은 잠재의식 속에서 또 다른 차원의 세계를 넘지 못하도록 고정적 사고를 심는다.」고 불가능에 관한 클라크의 법칙에서 이야기한다.

불가능의 불신으로 인한 부정적 생각은 확신과 의심으로 나뉘는데 확신은 의지를 동반하지만 의심은 또 다른 의심을 낳게 되고 결국 불신으로 인한 포기에 이르게 한다.

포기의 씨앗을 제공하는 게 의심이고 의심에 사로잡혀 확대되면 결코 일어서지 못하게 하며 결국 두려움을 낳게 된다.

두려움은 부정적 생각으로부터 출발하는데 부정적 사고는 자신을 부정적 사고의 삶으로 몰아가거나 삶이 자신으로부터 부정적 삶으로 몰고 가게 하는 자석의 자장과도 같아 만들어진 꿈마저도 포기할 수밖에 없게 만든다.

반면 확신의 긍정적 생각으로부터 출발한 긍정적 사고는 자신을 긍정적 사람의 삶으로 유도할 뿐만 아니라 긍정적 인생을 꿈꾸게 되어 꿈을 통한 긍정적 인생을 만들게 한다.

다시 말해 긍정적 인생이 꿈을 꾸는 것이 아니라 꿈이 긍정적 인생을 만드는 것이다.

만일 어떤 사람이 꿈을 가지고 어떤 도전 했는데 그 도전에서 안타깝게도 실패했다고 하면 그것이 실패인가 패배인가? 그건 패배가 아니라 경험적 실패일 뿐이다.

갓난아기가 엄마 뱃속에서 10달 동안 엄마 자궁으로부터 보호받다가 이 땅에 태어나 일어서고 걸었을 때 얼마나 많이 넘어졌겠는가?

아기는 엄마 아빠의 박수갈채와 격려 속에 두려움을 떨치고 일어섰고 결국 성공적인 걸음마를 통해 당당히 걷게 되었던 것이다.
분명한 건 실패도 하나의 큰 자산이라는 점이다.

누구나 처음엔 불안을 느끼고 보다 확실한 확신을 갖지 못하겠지만 도전하고 응전하는 동안 지혜로운 대처와 기복을 통해 발전하고 도약하며 추구하던 목적이 달성되기 때문이다.

다만 그 꿈을 어떻게 바라보느냐에 따라 유연한 사고의 영역이냐 아니냐의 차이이고 이루고자 하는 꿈을 확신하고 이루는 건 전적으로 자신 생각과 태도의 차이에 달려 있으므로 마음으로부터 흘러나오는 직관을 믿는 믿음과 신뢰로 진정한 본질을 깨우는 게 중요하다.

무모한 꿈일지라도 도전해볼 수 있는 용기 이런 용기는 불가능으로부터 가능케 만들며 많은 것들을 만들어내는 동력인 동시에 반드시 이루게 하는 밑거름이 되는 것이다.

❖ 꿈을 이룬 신념의 선포

1995년 한국인으로 전 세계 11개 프랜차이즈 4,000개 매장을 운영하며 글로벌 외식기업을 탄생시킨 신화의 주인공이 있는데 SNOWFOX 김승호 회장이다.

그는 어린 시절 가난한 삶을 살았지만 늘 꿈을 꿨고 반드시 성공한다는 긍정적 사고와 강력한 믿음을 가졌다.

어느 날 휴스턴 어느 건물을 지나던 중 한 건물이 너무도 마음에 들어 출근할 때마다 그 건물 앞에서 100일 동안 100번씩 "저 빌딩은 반드시 내 것이야"라고 간절히 선포하였다.

믿겨 지지 않게 100일째 되던 날 그 건물이 매매로 나왔고 유일하게 그에게 낙찰되어 건물을 매입하고 그 빌딩을 꿈을 이룬 드림빌딩으로 이름 지었다고 한다.

간절함으로부터 출발한 꿈은 결국 그것에 집중하게 되며 무모한 것처럼 보였지만 그에 따른 목표를 세웠고 계획에 맞춰 실행에 옮겼을 뿐만 아니라 잠재의식 속의 꿈을 깨워 결국 그 꿈이 이루어진 결과라고 볼 수 있다.

꿈이 없으면 목표를 잡을 수 없고 목표가 없으면 계획을 잡을 수 없고 계획이 없으면 실천이 어렵고 실천이 없으면 안일해지고 우유부단한 사고와 생각의 지배에 의해 지배당할 수밖에 없기에 결국 꿈은 목표 없는 그냥 꿈일 뿐이다.

한 해가 가고 새해가 오게 되면 우리는 해가 넘어가는 것을 바라보고 살아왔던 한해를 반성하고 해가 떠오르는 것을 바라보며 새로운 목표를 세우고 설계하며 인생의 합리적 목적의 추구 속에 살아간다.

인생 설계 기준을 삶고 설계하는 목표! 그건 무얼까?

목표의 의미를 분해조립

목표란 어떤 목적을 이루려고 하거나 어떤 지점에 도달하려고 하는 대상이다.

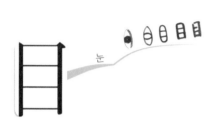

먼저 목표의 눈목(目)자를 가만히 살펴보면 눈으로 보는 것이나 관심 있는 것을 유심히 관찰하는 것이다.

시각적으로 보는 것들 중 유독 관심 있는 것에는 눈을 더 응시하기 마련이고 그 응시한 것에 대한 호기심을 유발시키는 생각으로부터 꼬리에 꼬리를 물고 다양한 상상을 불러일으키는 단순함을 넘는 의미를 갖고 있다.

목표의 나타낼 표(標) 자를 살펴보면 나무목(木)+덮을아(襾)+보일시(示)로 오른쪽 솥뚜껑처럼 덮힌(襾)것을 자세히 보니(示) 솥뚜껑 군락 지붕을 이루게 한 나무였음을 알게 되었다 라는 뜻이다.

따라서 여기의 덮을 아(襾)는 잠재의식이 되고 나무 목(木)는 꿈이 되며 보일 시(示)는 실천 행동이 된다.

눈목(目)자의 또 다른 의미는 날일(日)과 입구(口)의 결합(日+口)으로 매일 입으로 말하라는 것으로 (口)+(口)+(口) 입으로 말하고, 말하고, 말하는 걸 반복하라 라는 의미를 담고 있다.

목표의 종합해석은 잠재의식 속에 덮혀 있는 꿈을 발견하면 그걸 응시하고 집중하여 매일 입으로 반복하고 반복해서 선포하면 목표에 달성될 뿐만 아니라 꿈을 이룰수있다는 풀이로 해석할 수 있다.

인디언 속담에 같은 말을 20,000번 이상하면 그게 현실화 된다고 했고 100일 동안 100번씩 명확히 선포한 결과 꿈이 이루어졌던 것처럼 잠재의식을 당기면 반드시 좋은 결과를 얻을 수 있다.

꿈을 발견했다면 목표를 명확히 하고 목표를 이루기 위해 계획을 세우고 그걸 이루기 위해 다양한 정보도 수집하고 사고와 행동을 적극적으로 강화시키고 내면의 잠재의식을 깨워 실현 가능한 영역에 도달하게 해야 한다.

꿈(木)을 이루기 위해 목표를 설정하고 집중하며 목적(示)에 맞게 실천 행동의 노력을 했다면 이젠 덮여있는(襾) 잠재의식을 깨우고 영향력을 극대화하여 원하던 꿈을 이루게 해야 하는 것이다.

꿈을 이루거나 성공한 사람들은 어려서부터 꿈의 핵심 소재인 목표를 발견했거나 파악한 경우도 많지만 살아가면서 우연히 발견한 경우가 약 90%나 된다고 한다.

뒤늦게 발견한 그 꿈의 핵심 소재인 목표가 이루어질 것 같이 보이지 않을지라도 꿈을 이루기 위해선 불확실성을 확실성으로 바꿀 수 있다는 신념으로 집요한 질문의 해답을 얻기 위해 끊임없이 찾아야 하는 것이다.

불확실성을 확실성으로 바꾼 그 신념의 믿음은 결국 삶의 목표가 되고 근력이 되고 동기유발이 되어 마음의 한계에 도전해도 이겨낼 수 있는 동력을 키우게 되며 결국 꿈을 이루는 주춧돌이 되기 때문이다. 그러나 꿈이 실현되기까지 목표를 향해 혼신을 다해 노력를 해야 한다는 것이 결코 쉬운 일은 아니다.

꿈을 이루기 위해선 무엇보다 그 꿈이 보다 명확해야 한다.
만일 돈이 필요하다면 그 돈이 왜 필요한지 그리고 그 돈은 어디에 쓸 건지 목적과 이유를 명확히 할 필요가 있다.
내가 성공하려는 것이 왜 성공하려는 것인지 그리고 성공 후엔 어떻게 할 건지 목적과 이유를 분명히 해야 하며 그것이 인도적인 것인지 부유해지기 위해서인지 명분을 분명히 하는 것이 중요하다.

대상은 영혼도 정신도 없을 뿐만 아니라 모든 건 대상이고 도구일 뿐이다.
문제는 주체인 그걸 추구하는 주체자인 자신에게 있기 때문이다.
만일 그것이 비 인도적인 욕구 충족이나 탐닉으로 지나친 꿈을 세운다면 어떻게 될까?
그것이 실현되지 않을 경우 스스로 실망에 빠지거나 포기할 수도 있고 자괴감에 빠져 궤도를 수정하는 데만 오랜 시간을 필요로 할 수 있기 때문이다.
꿈은 가능하다면 구체적이고 현실적으로 설정하는 것이 가장 바람직하다.

가령 예를 들어 글을 쓴다면 베스트셀러 작가가 꿈일 것이다.
그럼 베스트셀러 작가의 글을 통해 독자들이 감동을 느낌으로 인도적으로 유익한 양서가 될 수 있다는 점에선 얼마든지 선한 영향력으로서의 꿈의 실현이 가능하다.

긍정의 생각을 부르는 자존감

세상에 태어나서 가장 소중한 것이 있다면 무엇보다도 바로 자기 자신이다.
자기 자신을 사랑하지 않고서야 어찌 타인을 사랑할 수 있으며 나아가 자존감이 설 수 있겠는가?

자신감과 자존감은 다르다.

자신감은 자기 자신을 높이 평가하고 확신을 갖는 마음을 말하지만 자존감은 자신을 보다 객관적으로 파악하고 이해하며 스스로를 존중하는 것이다.
따라서 자존감이 높은 사람은 자신을 존중해 스스로를 가치 있게 여길 뿐만 아니라 자기 생각과 판단을 신뢰하여 행여 실수하더라도 격려하고 툭툭 털고 일어서는 오뚜기 같은 그런 사람이다.

반면 자존감이 낮은 사람은 어떨까?

자신에 대해 호의적이지 못한 상대적 열등감으로 스스로를 과소평가

한다거나 부정적인 말을 일삼기가 쉽다.

따라서 자존감이 낮게 되면 모든 것의 비교로부터 출발하며 내면에 늘 불안한 감정이 숨어있어 그 불안감이 드러날 때 격한 감정으로 치닫는 방향으로 유도하게 된다.

또한 자존감이 낮은 사람은 열등의식으로 상대 앞에서 겸손한 척하지만 이건 존재하지 않고 드러나지 않는 마음으로 자신의 한계를 숨긴 무서운 위선일 뿐이다.

자존감을 세우고 높이기 위해선 우선 자신의 특별함을 내적으로 발견해야 한다.

타인이 특별함을 가지고 있으면 반드시 자신에게도 특별함이 있기 마련이다.

자신의 특별함이 없다고 여기는 사람은 타인의 특별함도 볼 수 없기에 매사에 부정적일 수밖에 없다.

자신의 특별함을 볼 수 있는 것은 자신을 사랑하기 때문에 볼 수 있으며 타인의 특별함을 볼 수 있기 때문에 타인을 더욱 소중히 여길 수 있는 이타적인 사람이 되는 것이다.

자신을 존중하지 못하면 타인도 존중할 수 없다.

흔히 할 수 없다! 못하겠다! 라는 부정적인 말을 일삼는 사람은 그 말 자체가 한계일 뿐 자신 능력의 한계는 절대 아니다.

따라서 존재하지 않고 드러나지 않으며 자신의 한계를 숨긴 위선을 원치 않는다면 거짓으로부터 벗어나 진실함으로 당당해야 한다.

태어날 때부터 자존감을 가지고 이 땅에 태어나는 사람은 한 사람도 없다.

자존감은 우리 신체의 근육과 같아서 단련을 하거나 성장을 시킬 수 있기 때문이다.

자존감이 없다고 불평하거나 포기할 일은 절대 아니다.

지금부터라도 자신의 특별함을 찾아 단련시키고 성장시키면 자존감은 나도 모르게 견고해지고 든든히 서가며 자신이 추구하고 꿈꾸는 일에 반드시 밑 거름이 될 것이다.

할 수 있다는 믿음으로 자신을 찾고 사랑할 것인가 아니면 주변을 의식하고 자신을 감추는 위선으로 나 자신을 잃어버리고 살 것인가. 이것도 자신의 몫이다.

우리가 살아가는 인생은 아주 단순하다.

씨를 뿌린 대로 거두듯이 자신이 열정을 가지고 뿌린 만큼 거두어들이는 게 또한 인생이다.

한 번밖에 없는 우리 인생에 어떻게 판단하고 집중하느냐에 따라 성공할 수도 있고 실패를 할 수도 있기 때문이다.

꿈을 이루기 위해 목표를 설정하고 목적에 맞게 노력하였다면 그 영향력을 더욱 극대화하고 그걸 이룰 수 있는 방법을 끊임없이 추구해야 한다.

끌어당김 성질과 차원

이미 앞에서 언급했던 것처럼 1(陽) : ∞(陰)의 음양 원리에 따라 잠재의식을 음(陰)의 세계로 현재 의식을 양(陽)의 세계로 구분하는데 음의 의식인 잠재의식은 양의 의식인 현재 의식을 지배한다.
(∞)무한대의 잠재의식 세계에 대한 여러 가지 해석들이 있지만 인간 내면의 깊은 곳으로부터 드러날 놀라운 능력을 잠재의식이라고 한다.

다양한 해석 중 하나는 잠재의식은 신이 인간에게 부여한 관계의 축복일 수도 있고 그 어떠한 것으로부터 끌어내어 충족시킬 수 있는 무한요소이기도 하며 현실과 상상 너머의 시공간을 초월한 엄청난 반응의 실제 결과이기도 하다.

우주로부터 수신되는 잠재의식 세계는 무한 영역대로 현재 의식과 교신을 하게 되는데 그 교신의 방법은 파동의 주파로 변조시킨 매체로서 태양에너지에 의해 공기 분자가 이온화되어 자유전자가 밀집된 곳의 전리층을 통해 비슷한 것끼리 주파를 흡수 반사 시키는 송수신 방법을 끌어당김 성질이라고 한다.

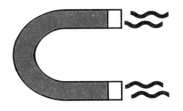

자기 자신 인생에 나타나는 모든 현상 들은 자신이 스스로 끌어당긴 것이다.
자신의 마음에 그린 그림과 생각이

그것들을 끌어당겼다는 뜻으로 마음에 어떤 생각이 일어나면 바로 그것은 자신에게 끌려오게 되는 것을 말한다. 스스로가 무엇이 되고 싶은지 무엇을 하고 싶은지 결정하고 그것을 생각하고 주파수의 파장을 보내면 그 비전이 직접적인 현실이 된다는 것이다.

론다 번이 저술한 시크릿의 끌어당김 법칙에는 이미지의 시각화를 비롯한 생각과 마음을 통해 만들어져 결정하는 것들은 이미 그것을 끌어당겼으며 주파수 파장에 맞춰 전송하면 그것들이 현실이 되는 원리를 자세히 이야기하고 있다.

인간의 놀라운 잠재의식 능력을 교신할 수 있도록 끌어당김 원리로 고차원세계를 부를 수 있는 그 구조가 있을까?

세계적 저명 현대물리학자들은 바로 우리 옆에 보이지 않는 세계가 있을 수 있고 불과 1mm도 되지 않는 가까운 곳에 있을 수 있다고 말하고 있다. 믿어지지 않는 이 이야기가 정말일까?
이 말은 과학자들의 주관적인 생각이 아니라 과학이론과 원리의 바탕에 객관적 수식으로 풀어낸 실험 결과라는 사실에 주목할 필요가 있다.

우리가 인식하고 살아가는 세계를 3차원 공간이라고 하고 3차원 공간 너머에 또 다른 무언가가 있음을 이야기한 과학적 제시인데 이걸 과학에선 다중우주라고 한다.
다중우주 우주가 여러 개인 걸까?

3차원의 우리가 사는 세계와 또다른 물리법칙이 적용되는 우주가 있다고 하는 이 이야기는 우리가 사는 이 세상이 전부가 아닌 또 다른 세상이 존재한다는 이야기가 될 수 있다.

눈에 보이는 세계가 아닌 또 다른 어떤 세계가 존재한다는 걸 우린 어떻게 이해하여야 할까?

눈에 보이는 것의 이론과 공식을 믿고 그동안 고전 물리법칙에 의존하던 우린 이런 이야기가 허구이고 비과학적 이야기로 들릴지 모르지만 현대과학에선 이 논리 법칙을 깬 더 놀라운 이야기들을 하고 있기 때문이다.

현대물리학에서 말하는 그 이야기의 근거는 무엇이며 또 다른 다중우주 세계가 있다는 그 핵심 원리가 무언지 한번 살펴보자.

손에 잡히고 위치가 있는 것을 고체라고 하고 과학적 증명으론 입자 (particle)라고 한다.

반면 소리는 들리는데 보이지도 잡히지 않는 것을 파동(wave)이라고 하는데 보이지 않는 이 파동 이론을 증명한 현대물리학자 아인슈타인은 보이는 입자와 보이지 않는 파동을 연구하여 빛의 이중성으로 1921년 노벨 물리학상을 받게 된다.

그는 모든 원자와 전자를 비롯한 모든 소립자 들이 빛의 이중성을 갖고 있다고 하여 당시 고전 물리학계 과학자들로부터 놀라운 반향을 일으켰다.

현대물리학자들은 한 발 더 앞서나가 1964년 영국의 물리학자 힉스 (Peter Ware Higgs 1929~)박사를 중심으로 아인슈타인이 말한 입자와 파동의 관계를 증명하기 위해 힉스입자 모형을 방정식으로 풀고 실험으로 증명하여 「만물에 질량을 부여하고 사라지는 입자」 힉스입자의 표준모델 논문을 발표하게 된다.

과학자들은 연구논문 발표 이후 약 50여 년간 연구를 거듭했지만 「만물에 질량을 부여하고 사라지는 보이지 않는 입자」 힉스입자의 표준모델을 현실적으로 증명하기란 그리 쉽지 않았다.

그들은 그 보이지 않는 입자를 찾을 수도 없을뿐더러 물리적 구조로도 어렵고 개념조차도 설명하기 어려웠지만 어쨌든 책으로 출판하기로 하고 책 제목을 빌어먹을 입자(Goddam Particle)라고 출판사에 전달하자 제목을 본 출판사에서는 이런 비속어를 제목으로 정할 수는 없다고 하여 할 수 없이 갓뎀(Goddam)의 뎀(dam)을 뺀 갓 파티클(God Particle)로 정하고 이름이 God(神) 신의 입자라는 제목으로 출판하게 된다.

갓 파티클로 출판된 힉스입자는 이론만 있을 뿐 미궁 속 이 입자를 찾기 위해 미국과 유럽을 비롯한 전 세계 물리학계에서 지속적인 연구를 하게 되는데 미국의 페르미(Fermi-Lab) 연구소에서 힉스입자를 증명하려 했지만 실패를 하였다.

2013년 10월 유럽계 12개 나라에선 학자들이 의회를 설득하고 공동 출자하여 유럽입자물리연구소인 썬(CERN) 연구소에서 마침내 보이지 않는 신의 입자인 힉스입자를 발견하게 되는데 이때 힉스와 앙글레르 박사가 그 공로로 스웨덴 왕립과학한림원으로부터 노벨 물리학상을 수상하게 된다.

힉스입자의 공식화로 고전물리학 고정관념의 아성은 무너지게 되고 아인슈타인 상대성 이론과 미시세계의 궁극적 전자 이론들이 새롭게 조명되게 되며 그동안 철저히 터부시 되었던 모든 만물의 보이지 않는 세계를 향한 현대물리학 연구가 앞당겨지게 되었다.

그렇다면 우리가 사는 3차원의 세상 밖에 또 다른 우주가 있다는 말은 허무맹랑한 이야기가 아닐 것이다.

과학자들은 이미 다중우주를 말했고 우리가 아는 3차원 세계 너머 분명 무언가의 세계가 존재한다는 실존적 질문은 아주 당연한 논리가 된 것이다.

3차원 세계 너머의 어떤 물리법칙이 적용되는 다른 우주들이 있다면 우리가 사는 세상밖에 또 다른 우주가 있다는 말이 근거 없는 이야기가 아님을 알수 있다.

현대물리학에선 우리가 상상치 못할 또 다른 놀라운 이야기들을 하는데 우리가 사는 3차원 우주와 비슷한 다른 우주가 존재하고 다른 차원이 있으며 우주들 사이에 막이 있어서 서로 통할 수 없다고 한다.

바로 이것이 현대물리학의 최신 이론인 막 이론인데 이보다 한 발 더 앞서 간 과학자가 바로 천재 물리학자 아인슈타인이다.

그는 놀랍게도 그 막이 서로 통할 수 있다는 사전이론을 내놓았다.

1905년에 그는 우리가 사는 3차원 세상과 다중우주의 4차원 시공간이 서로 통할 수 있는데 그 이유는 바로 중력 때문이라는 상대성 이론을 내놓았다.

아인슈타인이 말한 중력은 우주에서 가장 강한 힘 중 하나이고 중력의 힘으로 빛도 끌어당기면 나갈 수 없는 강력함으로 인해 블랙홀을 만드는 게 중력이라고 했는데 어떻게 다중우주 속에 그 중력을 우리 인간이 이길 수 있는지에 대해 그는 깊은 고민에 빠졌다.

그는 이 이론을 정리하고 발표를 하는데 3차원 세계의 우리 인간이 중력을 이길 수 있는 건 중력이 아주 작은 힘만 남기고 나머지 중력은 다른 차원으로 빠져나갔다고 말하였다.
중력이 우리 인간이 이길 수 있는 미미한 힘만 남기고 도대체 어느 다른 차원으로 빠져나간 것일까?

1906년 아인슈타인은 그걸 방정식으로 풀고 수식화하여 상대성 이론을 논문으로 증명하고 중력이 다른 차원으로 빠져나간 중력파 발견의 숙원과제를 남긴 채 1955년 세상을 떠난다.

중력파는 그동안 과학계 수수께끼로 불리다 2016년에 드디어 중력파 발견에 성공하게 되고 중력파 발견은 금세기 최고의 과학적 발견으로 인정받게 되며 아인슈타인의 놀라운 업적에 힘입은 인류사의 혁명적 사건으로 주목받게 된다.

그 중력파(gravitational wave)가 무엇일까?

「우물 한가운데 돌을 던지면 풍~덩 하고 소리가 나고 물결의 파장이 인다. 이때 돌을 던진 사람이 살짝 숨었다가 우물을 보면 물결의 파장이 이는걸 보고 '아! 누가 돌을 던졌구나.'」하고 알 수 있는 것처럼 「중력자가 중력파를 일으키고 다른 차원으로 빠져나갔다면 파동이 일어난 걸 보고 중력이 중력파를 일으키고 다른 차원으로 빠져나갔다」라는 원리이다.

아인슈타인의 상대성 이론을 증명한 중력파의 발견으로 과학에선 바로 우리 옆에 보이지 않는 세계가 존재할 수 있다고 하고 우리가 살아가는 3차원의 세계와 또 다른 물리법칙이 적용되는 여러 개의 다른 우주들이 있다는 것에 주목할 필요가 있다.

만물의 질량을 부여하고 사라지는 보이지 않는 입자로 불리는 힉스입자 신의 입자인 그 M 입자는 도대체 어디로 갔을까?

우리가 사는 3차원 공간과 또 다른 공간과의 궁금증을 풀기 위해 저명 물리학자와 천체학자들의 고증을 통해 2014년 센세이션을 불러일

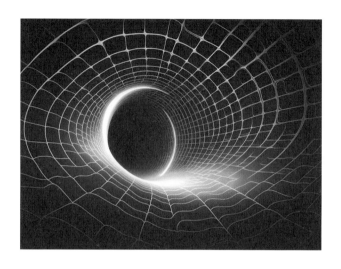

으켰던 영화가 바로 인터스텔라다.

인터스텔라는 현대물리학의 최신 이론인 막 이론의 차원과 블랙홀로 인한 시공간의 왜곡을 배경으로 5차원 세계에서 펼쳐지는 과거와 연결된 미래 시공간 개념의 사고확장을 시켰던 영화로 높이 평가된다.

0차원, 점과 점이 연결되어 선을 이루면 1차원, 선과 선이 만나 면을 2차원 입체의 3차원, 여기에 시간의 개념이 더해진 4차원 넘어 미시 우주에 대한 궁금증과 동경은 우리 인류가 오랫동안 추측하고 접근하며 끊임없이 연구를 해왔다.

3차원 세계에 갇혀 '한평생 그냥 잘 먹고 잘살다 그냥 죽으면 되지.' 하는 단순한 생각을 벗어나 이제 이게 무슨 이야기인지 또 그게 무엇인지 그리고 또 다른 차원의 존재는 누구인지 그들과 어떻게 소통할 수 있는지 등의 실존적 사고를 불러일으키게 되는 이야기가 아닐까?

소통과 연락 수단의 진화

과거엔 소식 전달 수단으로 봉화나 횃불 그리고 비둘기나 매를 이용해서 알리거나 소통해왔다.

문명이 발달하면서 연락 수단도 점차 진화하는데 1864년엔 J.C 맥스웰이 전자기파를 발견했고 1888년에는 헤르츠가 이를 실험으로 증명하였으며 1895년엔 마르코니가 무선통신에 성공한 이후 3차원 공간의 연락 수단은 급속히 발전한다. (두산백과)

3차원 공간에서의 전자기파가 일반적인 소통 방법이었다면 만일 우주공간의 다른 차원들과 소통 할 수 있는 방법으로 중력파를 이용하면 어떨까?

현대물리학에서 중력파를 발견한 이후 많은 과학자들은 더 많은 의문을 갖기 시작했는데 그들은 중력파를 통해서 보이지 않는 다른 차원 세계 존재들 뿐만 아니라 3차원 공간과 고차원세계가 서로 연결될 수 있다는 상상을 초월한 이야기를 한다.

우리 손에서 떼려야 뗄 수 없는 스마트폰, 그 스마트폰에 전자기파 칩이 없다면 스마트폰은 일종의 플라스틱 기계 덩어리에 불과하다. 그러나 스마트폰 단말기의 전자기파 칩을 빼고 중력파 칩을 꽂는다면 어떻게 될까?

우주의 다른 차원들과 소통이 가능할지도 모른다는 이야기가 단순한 추측이 아니라 과학에서 가능하다고 하니 얼마나 놀라운 일인가?

천재 물리학자 아인슈타인이 고민했던 생각처럼 모든 과학기술을 창조하고 응용하는 우리 인간들의 생각을 통해서 우린 앞선 미래에 성큼 다가갈 수 있기 때문이다.

이중슬릿의 관찰자 효과

이스라엘의 자존심으로 불리는 와이즈만 과학원은(weizmann institute of science)초대 대통령이었던 하임 와이즈만이 1934년 설립한 과학연구소로 독일의 막스 플랑크, 프랑스의 파스퇴르 등과 함께 세계 5대 기초과학 연구소 중 하나이다.

3명의 노벨상 수상자와 2명의 대통령을 배출한 와이즈만 과학원은 물리, 화학, 생화학, 생물학, 수학 등 19개 학과로 구성되어 있으며 약 2,600여 명의 직원과 학생들이 연구에 몰두하고 있다.

1998년 양자물리학 분야 최고의 권위를 자랑하는 이 과학원에서 입자와 파동의 관계를 증명하기 위해 두 개의 가늘고 긴 틈의 이중슬릿(Double slit experiment)을 준비해 놀라운 실험을 하였다.

첫 번째 실험은 손에 잡히고 고체성의 딱딱한 알갱이 같은 입자를 두 틈으로 쏠 경우 두 틈의 이중슬릿을 통과한 입자가 벽면에 어떻게 나타나는지 보았다.

이중슬릿을 통과한 입자는 우리의 상식대로 두 틈을 통과해 두 개의 줄이 생겼다.

두 번째 실험은 보이지 않고 잡히지 않는 파동을 쏠 경우 그 틈을 통과한 파동이 벽면에 어떻게 나타나는지 보았다.

이중슬릿의 통과한 파동은 생각했던 대로 물결 형 간섭효과 때문에 여러 줄이 생겼다.

그런데 우리가 눈에 보이는 거시세계에서는 이렇듯 상식적으로 납득이 가지만 보이지 않는 미시세계에 가면 상식을 깨고 완전히 달라진다. 그렇다면 보이지 않는 미시세계에는 어떤 원리와 물리법칙들이 적용되어 달라진다는 건가?

과학자들은 전자도 입자라고 생각하고 분명히 한 틈에는 한 줄이 두 틈에는 두 줄이 생길 거라고 믿고 전자를 이중슬릿에 쏘았다.

그런데 놀랍게도 이중슬릿을 통과한 전자는 벽면에 여러 개의 줄을 착상시켰다.

간섭받지 않는 입자인 전자가 어떻게 여러 개의 줄이 나타날 수 있었을까?

과학자들은 입자인 전자도 입자와 파동의 이중성을 가지고 있다는 걸 생각해내고 그 이중성을 알아보기 위해 관찰하는 장비를 설치하게 된다.

그리고 이중슬릿 두 틈으로 전자를 쏘았다.

그런데 놀랍게도 두 틈에 입자와 파동성으로 여러 개의 줄이 착상될 줄 알았던 전자가 두 줄로 나타난 것이다.

과학자들은 놀라움을 금할 길이 없었다.

사람의 육안으로 확인하는 게 한계가 있어 관찰 장비를 설치했더니 이해할 수 없는 결과에 놀라게 된다.

입자였는데 파동으로 나타나고 파동이었는데 입자로 나타난 이 현상을 보고 알아낸 것이 바로 「생각하는 관측에 따라 결정이 바뀔 수 있다」는 결론을 얻어내게 된 것이다.

이중슬릿 실험 결과에 따른 관찰 장비인 관측자가 생각하고 신뢰하는 대로 모든 것이 결정되는 것을 양자물리학의 관찰자 효과(observer effect)라고 한다.

이 결과로 미국의 이론 물리학자 리처드 파인만(Richard Phillips Feynman)은 양자 전기역학으로 1965년 노벨 물리학상을 받게 된다.

양자 세계의 관찰자 효과의 의미는 보이지 않는 세계의 놀라운 충격이었고 한 번도 고전물리학에선 생각해보지 못했던 실험이었다.

Online Experiment

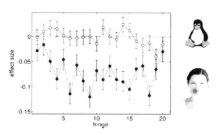

Online results 2013 + -2014

Radin et al (2016) *Physics Essays*

현대물리학자들은 보이지 않는 미시세계는 내가 믿고 바라보는 대로 현상이 바뀔 수 있는 것을 관찰자 효과라고 한다.

관찰자 효과 실험은 세계적 물리학 전문지 물리학 세계(Physics World)에서 인류과학상 가장 아름다웠던 실험으로 선정되었으며 이와 관련하여 2016에 딘 라딘(Dean Radin)박사에 의해 간절히 원하는 생각이나 믿음이 현상을 실제로 바꿀 수 있다는 이론을 뒷받침하는 실험논문이 피지컬 에세이에 게재된다.

현상을 실제로 바꿀 수 있는 생각을 만들고 믿음을 주관하는 곳이 바로 우리의 두뇌이다.

뇌과학에선 그동안 우리 인간은 의식과 무의식을 비롯한 잠재정보 전달이나 의식전달의 프로세스에 관한 끊임없는 연구와 노력을 해 왔다.

뇌 주파와 에너지 매체

뇌는 우리인간의 몸과 마음에 필수적 메시지와 물질 및 에너지의 제공에 끊임없이 영향을 주고 의식과 무의식을 비롯한 의식전달뿐만 아니라 신호를 서로 주고받는 네트워크라고 한다.

또한 뇌 신경학자들에 의하면 우리의 뇌는 우리가 생각하고 말하고 듣고 행동하는 것에 따라 변화되는 뇌의 유연성(brain plasticity)과 새로운 학습이나 행동 과정에서 새로운 신경회로가 만들어지고 기능과 능력을 발휘시키는 신경세포 가소성에 따라 세포의 시냅스 연결고리가 끊임없이 변화하고 재형성 된다고 이야기하고 있다.

뇌는 진동과 파장에 따른 각기 다른 파동 패턴의 일부를 특정 정신활동이나 의식 수준과 연결시키는 데 그 진동은 뇌가 자체 내에서 소통하는 방식이라고 하였다.
모든 소리는 파동체로서 접촉의 매질이나 진동에 의해 만들어지는데 파동의 에너지를 음파라고 하며 파동체의 진동의 발생주파수 단위를 헤르츠(Hertz)라고 한다.

뇌과학에선 근육이 이완되고 기억력과 집중력을 높이는 $8Hz \sim 12Hz$의 명상의 알파파, 민첩성과 각성, 집중력을 높이는 $13Hz \sim 29Hz$의 베타파, 통찰력이나 창의력과 관련된 $4Hz \sim 7Hz$의 세타파, 숙면, 성장호르몬, 트라우마 해소에 도움되는 $0Hz \sim 3Hz$ 구간을 델타파라고 한다.

1952년 독일의 물리학자 슈만(Winifred Otto Schumann)은 지구를 감싸고 있는 전리층과 지표면 사이에 높은 전위차가 번개로 방전될 때 나오는 저주파 파동에너지 7.83Hz의 공명 주파 수치를 발견하였는데 그 주파를 지구의 공명주파수(Resonance Frequency)라고 하였으며 인간의 심장박동과 같은 대지의 가이아(지구) 뇌파라고 하였다.

지구의 공명주파수는 인간이 무언가에 집중하고 몰입했을 때 통찰력이나 창의력 등이 향상되는데 4Hz~7Hz의 세타파와 거의 일치하며 인디언들은 이 주파를 대지의 어머니 심장박동 소리라고 하였다.
지구의 뇌파인 지구 공명파와 우리 신체가 동일 주파수가 되었을 때 가장 편안한 상태에 도달할 수 있으며 인간의 의식과 무의식 잠재의식 전달이나 정보전달에 연결할 수 있을 뿐만 아니라 우주와의 소통까지도 가능하다고 했다.

잠재의식 정보를 연구하던 콜로라도 의대 지머맨(John Zimmerman)박사도 슈만의 공명파는 인간의 생각을 전달할 때 나오는 에너지 주파수로서 특정 매체 주파수를 서로 통하면 정보 의식전달이 가능하다는 이론을 발표하였고 인간의 뇌파와 수면 습관, 호르몬 분비, 여성의 생리주기까지 주파수에 주기를 타고 있어 그 주파수를 벗어나면 질병을 얻을 수 있다고 하였다.

마음을 비우면 얻어지는 것들의 저자 김상운 교수도 슈만의 지구 공명파는 우리 마음을 텅 비우고 무념의 세계에 접근하는 방법으로 생각과 마음이 연결되어 행복에 이르게 하는 에너지 주파수라고 하였고 신유가 들은 불치의 병을 치유하는 에너지 왓칭으로서 뇌사고를 깨울 뿐만 아니라 치유하는 놀라운 에너지라고 하였다.

슈만의 공명파 에너지는 곧 인간의 정신세계의 중요한 역할을 하고 있어 의학이나 정신을 만드는 뇌과학, 대채 의학을 비롯한 사상 인문 철학에 이르기까지 에너지 패러다임을 맞고 있다고 해도 과언은 아니다.

매질이나 진동에 의해 만들어지는 파동에너지 음파(音波)는 사람이 외연으로부터 느끼고 인식하는 소리 주파의 영역대를 20Hz~20,000Hz로 보았으며 반면 라디오나 TV 등 미디어 매체의 볼륨 위치를 0으로 했을 때 우리 귀로는 들을 순 없지만 그 주파수 영역대가 약 19.9Hz라고 한다.
인간이 외연으로부터 느끼고 인식하는 소리 주파와 관련하여 우리 입을 통하여 나오는 말과도 직접적 관련이 있다는 놀랄만한 연구를 발표한 학자가 있다.

충남대 국어과 정원수 교수는 그의 논문에서 인간의 말은 발성기관에서 생기는 소리로 말의 구성 요소를 양자의 개념으로 이해하고 해석한 최초의 주장이었다.

그는 '사람의 말은 소리양자와 의미양자가 즉각 서로 영향을 미친다고 하였고 이는 현대물리학 이론인 양자얽힘(quantum entanglement)

양자정보기술

quantum information technology, 量子情報技術

두산백과

🔗 가가

요약

원자나 분자 등을 1개씩 조작하여 반도체 재료 등을 나노 수준에서 제어하는 기술이다. 중첩과 얽힘, 관측의 영향에 따라 정보 내용이 바뀌어버리는 현상등을 이용하여 통신이나 정보처리, 암호화 등에 사용될 수 있다.

의 리듬파 의해 완성된다'고 주장하였다.

말의 힘과 감춰진 능력에 대한 비밀을 벗겨내려는 사람들에게는 이 내용이 귀가 번쩍 뜨이는 이야기이다.

양자얽힘이란 전자 같은 작은 입자들이 하나의 쌍을 이루어 공간이 멀리 떨어진 곳에서도 하나의 입자가 변동하면 다른 쪽도 즉각적으로 변동하는 것을 말하는데 그는 목에서 나오는 소리양자와 마음에서 나오는 의미 양자가 서로 얽힘관계라면 말이라는 존재로 공기 중에 나가는 것을 1차 양자얽힘이라고 했다.

더 놀라운 것은 1차 양자얽힘에 의해 생성된 말소리의 리듬파가 대기 중의 전자기파와 양자얽힘으로 결합하면서 빛의 속도로 우주로 날아간다는 것이 2차 양자얽힘의 효과라고 하였다.

우주는 자연과 빛 전자기파처럼 보이지 않지만 입자와 파동의 이중성을 가지고 있는 것을 물질이라고 하고 비 물질은 지식, 감정, 마음, 영혼 등으로 이루어진 것을 말하는데 아무리 과학이 부인하려 해도 비 물질의 실체는 존재하며 지구를 움직이는 중요한 역할을 하고 있음이 분명하다고 할 수 있다.

현대물리학자들은 다중우주가 있음을 여러 가지로 증명하고 있고 양자얽힘 현상으로 3차원 공간과 또 다른 우주에 연결될 수 있으며 고유주파수를 가지고 있는 우리 인간이 원하는 생각과 말소리를 양자파동 형태로 공명시켜 빛의 속도로 우주로 보낼 수 있다는 생각과 사고 확장은 얼마든지 해볼 수 있기 때문이다.

미국 워싱턴주에 있는 타코마 다리(Tacoma Narrows Bridge)는 풍속 70m/s까지 견딜 수 있도록 설계되었었다.
그런데 1940년 11월 풍속 20m/s의 바람에도 견디지 못하고 그만 붕괴 되었다.

전문가들로 구성된 실사팀이 붕괴 원인을 규명하기 위해 다각적인 조사를 했는데 설계결함에 있었던 게 아니라 이해할 수 없게 공명현상 때문에 붕괴되었다는 결론을 지었다.

풍속 20m/s의 바람에 고유진동수가 일치한 다리가 공명현상을 일으켜 붕괴되었다는 것이다.
공명현상은 진동하는 물체의 모양과 재질에 따라 결정되는 고유진동수를 말하는데 목소리로 유리잔을 깨는 성질을 이용한 이 공명현상은 극대화되면 물체가 파괴되는 것을 말한다.
공명은 이처럼 놀라운 파괴적 성질의 힘을 가지고 있다.
인간을 포함한 3차원 세계의 모든 소립자 들과 우주에는 다양한 형태의 각기 고유주파수를 가지고 있다.
즉 타코마 다리의 붕괴 원인에서 보았던 것처럼 양자얽힘에 의한 고유주파수와 고유진동수가 일치하는 결맞음 원리를 이용하면 우주 에너지가 우리에게 전달될 수도 있고 우리가 우주 에너지로 전송시킬 수도 있다는 원리이다.

입자성과 파동성을 가진 소립자인 우리 몸과 잠재의식은 공명주파수를 받아들이는 수신 안테나가 되고 우주 에너지는 결맞음 주파수를 통해 엄청난 에너지를 전송할 수 있는 에너지원이 된다.

끌어당김 법칙의 저자 론다 번이 거듭 언급한 「우주에 모든 답이 있다」고 한 것은 생각에 의한 모든 것을 끌어다 사용할 수 있는 핵심 원리가 바로 타코마 다리 붕괴 원인처럼 결맞음에 의한 고유주파수와 고유진동의 공명 주파에 의한 과학적 원리였던 것이다.
그렇다면 충남대 정원수 교수의 '사람의 말이 양자얽힘에 의한 소리 양자와 의미양자로 완성된다'는 주장 역시 과학적 원리로 해석이 가능하다.

우리는 하루에도 무한한 말을 수없이 쏟아낸다.
이 말은 양자얽힘으로 3차원 공간뿐만 아니라 우주공간에 결 어긋남 주파수 에너지로 떠다닐 수도 있고 결맞음 주파수로 그 에너지의 직접적인 영향을 받을 수도 있다.

말소리뿐만 아니라 생각과 무한한 잠재의식도 공기처럼 이동하는 양자파동 형태로 우주공간 속으로 퍼져나갈 수 있으며 공명주파수를 통해 에너지를 불러올 수도 있기 때문이다.

Step 4

꿈의 전송 알지톡의 비밀

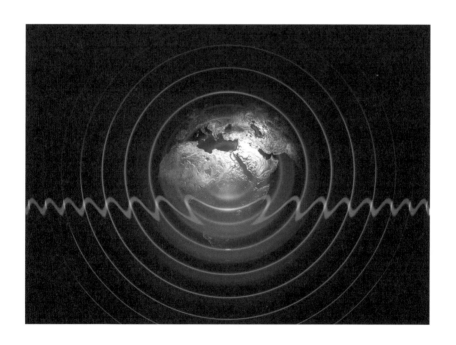

알라딘의 소원 매체

3차원 공간과 우주의 모든 소립자는 각자 고유주파수를 가지고 있는데 공명을 일으켜 결맞음 주파수로 일치하기도 하며 결 어긋남 주파수로 일치하지 않기도 한다.

공명주파수를 받아들이는 수신 안테나인 우리 몸과 잠재의식이 일치된 주파수를 만났을 경우 그 에너지는 양자파동 형태로 빛과 같은 속도로 고차원 우주로 전송되게 되는 원리를 이용하여 우린 자신이 원하는 생각과 목적을 담아 그 뜻을 이룰 수 있는 방법의 사고확장을 생각해 볼 필요가 있다.

❖ 알라딘의 요술램프

중국 어느 시골 마을에 일찍이 아버지를 여의고 바느질로 생계를 이어가는 어머니와 힘들게 살아가는 알라딘이란 아이가 있었다.

어느 날 사악한 마법사가 나타나 알라딘에게 접근하여 자기가 삼촌이라고 하며 오래된 동굴에 들어가 낡은 램프를 가져나오라고 꼬인다.

알라딘은 거짓 삼촌이 시키는 말에 동굴로 향하고 동굴 속에서 램프를 찾아냈지만 램프를 먼저 건네받기 원하는 마법사와 실랑이를 벌이다가 그만 동굴 속에 갇히고 만다.

동굴을 나가는 방법을 찾던 알라딘이 우연히 램프를 문지르자 갑자기 그 속에서 거대한 요정 지니가 나타난다.

그리고 거대한 요정 지니는 알라딘에게 소원을 묻게 되고 알라딘이 원하는 대로 그를 동굴 밖으로 나가게 해 준다.

그 일로 인해 알라딘은 원하는 것이 있을 때 램프를 문질러서 램프의 요정인 지니로부터 필요할 때 자신이 불러내어 요구하면 요구한 걸 얻어낼 수 있다는 것을 알게 된다.

알라딘은 평소에 흠모하던 자스민 공주도 지니가 도와서 만나게 되고 둘은 서로 사랑에 빠지게 된다.

사악한 마법사는 알라딘을 그냥 놔 둘리 없었다.

둘의 애틋한 사랑도 빼앗고 왕국도 갖은 술수로 차지하려 했지만 지니의 도움으로 슬기롭게 물리치고 그 나라의 왕이 되어 둘이 행복하게 살았다는 이야기다.

이 이야기는 '알라딘과 요술램프'의 줄거리다.

지금도 어린이들이 즐겨 읽는 도서 중 하나인 이 이야기가 유치한 상상이나 허왕된 이야기만은 아니다.

오래전 전해오는 작자미상의 이 내용은 어찌 보면 알라딘처럼 우리 삶을 바꿀 수 있는 기대와 희망을 갖게 해준다.

사람마다 차이는 있겠지만 각기 스스로의 소원과 꿈을 지니고 살아간다.

하고 싶은 일이 있고 갖고 싶은 것이 있고 되고 싶은 것이 있고 원하는 것이 어디에 있는지 어떻게 해야 얻을 수 있는지 잘 모르지만 죽을 만큼 발버둥 치고 살아가는 게 우리 자신이 아닐까?

그러나 분명한 것은 우리는 선한 목적을 위해 그 램프를 이용해야 한다는 것이다.

무엇이든 악한 의도가 있으면 자연의 흐름에 반하여 이루어지지 않거나 역으로 자신에게 돌아오기 때문이다.

이야기에서도 보았듯이 사악한 마법사는 자기 꾀에 넘어가 결국 파멸하고 만다는 진리를 살펴보았다.

여러 가지 대상이나 믿음의 방법으로 적용해볼 수 있겠지만 알라딘의 요술램프에 등장하는 인물을 접목해보면 알라딘은 주체인 내가 되고 그리고 현재 의식이 된다.

그리고 요술램프는 모든 것을 담고 있는 고차원의 우주가 되며 지니는 무한한 잠재의식(무의식)으로 볼 수 있다.

우리에게는 무한능력의 잠재의식이 있다.

지니는 알라딘의 간절함을 위해 365일 24시간 명령을 기다리고 있는 것처럼 말이다.

끌어당김 법칙에 등장하는 캐릭터 알라딘의 지니가 바로 그런 것이다. 잠재의식의 간절함을 끌어당길 경우 알라딘의 지니는 중요한 매개체가 되기 때문이다.

자! 그렇다면 지니의 매개체를 실용적으로 활용할 수 있는 방법이 없을까? 고민해 볼 필요가 있다.

고유주파수를 가진 주체 알라딘이 현재 의식이 나였고 내가 이루고자 하는 목적의 꿈이나 의도 또는 생각이 나의 잠재의식이라면 남은 건 슈만이 발견한 지구 주파수 7.83Hz를 충족하고 우주의 고차원에 도달할 수 있도록 동일 주파수를 찾아 빛의 속도로 연결해줄 프로세스와 서로 연결하는 것이 핵심 관건이다.

끌어당김 모바일 알지톡

초전도 분야 세계적 권위자인 오영근 공학박사는 지구의 평균 주파수 7.83Hz 영역대에 들어가 우주와 공명을 이루고 잠재의식을 전달할 수 있는 방법을 연구하였는데 우리가 들을 수 있는 음파가 아닌 우리가 들을 수 없는 0 이하 마이너스 볼륨(volume) −12Hz~14Hz가 동일의 최적 조건과 방법이 된다는 실증을 얻어내고, 이를 왈파라 하였다.

왈파는 생각과 말의 의미가 우주와 자연으로 향하기 때문에 거룩한 의미의 신성을 담고 있는 뜻으로 말씀왈(曰) 물결파(波) 왈파라 하였는데 0 이하 마이너스 무음 상태가 잠재의식을 깨우는 데 가장 효과적이라고 하였다.

www.aladintalk.com

그는 사람의 생각을 전달 할 때 나오는 에너지 왈파를 이용하여 우주정보에 수신할 수 있도록 2018년 모바일 녹음 컨텐츠 알지톡(AlgeTalk) 어플리케이션을 개발하였다.

알지톡은 원하는 말소리, 글, 이미지 등을 무한반복 재생시킴으로 잠재의식을 일깨워줄 뿐만 아니라 목적과 목표에 달성할 수 있도록 개발한 세계최초 양자원리의 최적화된 녹음어플 시스템이다.

'말하는 대로 된다'는 말처럼 말은 에너지를 부르는 놀라운 영향력과 힘이 있다.
어린 갓난아기가 배가 고파서 울게 되면 엄마는 달려와 아기 입에 젖을 물리는 게 이치이다.
하물며 진심을 담아 간절히 반복적으로 요청하는 그 소원이 이루어지지 않을 이유가 없는 것이다.

이미지는 상(想)으로부터 현실의 현상계로 이끌어내는 선명한 파동적 형태라고 한다.

따라서 아이가 엄마를 간절히 그리워하면 꿈에서라도 나타나 엄마를 보게 되고 그 그리움이 더해지고 간절해지면 마치 끌어당기는 자석처럼 실제 엄마를 만나게 된다.

글은 원하는 것에 대한 정교한 요청서이다.

말이나 그림보다 글은 훨씬 구체적이고 효과적인 표현 방법으로 원하는 것을 보다 강력히 끌어당겨 얻을 수 있는 방법이다.

ANSWER 원리법칙

알지톡에서는 보다 효율적으로 고차원 우주에 전달할 수 있는 방법으로 ANSWER(대답, 회신) 법칙의 6가지 원칙을 알려주고 있다.

1. Author(주체)

꿈이나 목표의 주체는 오직 자기 자신이다.

따라서 자기 자신 「이름」이나 「나」로 시작하고 기타 동사가 뒤따라오도록 문장을 구성한다.

주체가 나이므로 잠재의식은 나를 통해 원하는 목적을 실현시키기 때문이다.

2. Need& Now(원하는 것을 미래시제 현재형으로)

막연한 생각의 문장은 잠재의식이 진행형으로 인지할 수 있으므로 명확하고 구체적 문장으로 해야 한다.

가령 예를 들어 약자 편에서 변론해주는 직업인 변호사가 되기 위한 목표를 세웠다면 '나는 변호사가 된다.'는 말은 언제 될 건지 구체성이 부족한 문장이 되고 '나는 2028년 변호사가 될 것이다.'의 미래형은 목적을 달성하면 좋겠지만 안되면 할 수 없는 희망적 의도로 볼 수밖에 없다.

따라서 '나는 2028년 변호사다.'로 2028년에 명확히 변호사가 된 (미래시제 확정된 현재형) 문장으로 해야 한다.

3. Sure(당연성)

잠재의식을 확실히 각인시키려면 당연성의 절대적 확신이 필요하다.

부정적 생각이나 불안한 마음이 유입되면 결정은 깨지기 때문이다. 따라서 확신에 찬 마음으로 당연히 실현됨을 믿는 믿음을 가져야 한다.

그리고 목적달성이 당연히 이루어짐에 무한한 감사의 기쁨을 담아야 잠재의식의 더 확고한 에너지를 발휘한다.

4. Within(기한)

최종적 기한은 생각을 행동으로 바꾸는 스위치이다.

기한을 정하기 전에는 단순히 정한 목표일 뿐이다.

목표를 정하고 확신이 있다 할지라도 최종기한이 설정되지 않으면 변동될 시간의 여러 가지 변수를 제공할 수 있기 때문이다.

따라서 최종기한을 정해야 추진력도 생기고 빠른 속도로 목표에 도달할 수 있다.

5. Everything(모든 것)

원하는 모든 것이 설정되었으면 내가 그것을 이루는 방향으로 자연스럽게 집중되어있으므로 의식은 깨어있는 채로 자연의 순리에 맡기면 된다.

무언가 억지로 하지 말고 흐름에 맡기라는 것이다.

6. Record(녹음)

녹음할 때는 한 번에 하나의 소원만 녹음한다.

명확한 하나의 생각에 해당하는 주파수가 우주 에너지와 공명을 이루어 명확히 이루어지게 하기 위해서다.

그리고 녹음은 하나의 소원에 한 문장씩 간결하게 녹음해서 반복 재생시키되 열 개의 녹음을 각각 반복 재생시키면 된다.

＊ 녹음 방법을 설명하면 다음과 같다.

방법) <u>나는</u>　<u>언제</u>　<u>무엇을(무엇)</u>　<u>한다(이다)</u>
　　　　주체　　기한　　　소원　　　　현재

위 방법을 유의하여 녹음했다면 지구 주파수와 연결된 왈파의 무한반복 재생 녹음에너지가 고차원세계에 연결되어 이루어짐을 믿는 믿음의 결과를 신뢰하는 것이다.

알지톡은 말과 글 이미지 등의 녹음 방법을 통해 원하는 더욱 강력한 꿈을 이루어주는 도구이기 때문에 유의할 것은 그 목적과 목표에 따른 자신 행동의 자연스러운 동기부여다.

그러한 면에서 목적과 목표를 이루기 위한 마음가짐과 행동의 실천력은 노동이 아니라 이루어짐에 의한 행동으로 유도하기 위한 자신의 노력이다.

소원하는 꿈이 속히 이루어지는 경우도 있지만 때에 따라선 더디 올 수도 있다.
자기 자신의 확신과 믿음을 가지고 선포했으면 절대적으로 믿고 신뢰하며 추호도 의심하지 않는 것이 중요하며 여유 있는 마음과 인내심을 갖는 것 또한 필요하다.

기다리다 못해 불안한 마음으로 '에이! 뭐 이런 게 이루어지겠어?' 하는 부정적 생각이나 언어를 입에 담고 내뱉는다면 자신과의 신뢰가 깨지면서 잠재의식의 의식 세계는 문을 닫게 되므로 시야를 넓히고 '반드시 성취된다'는 가능성을 믿고 모든 것을 여는 것이 꿈을 이루고 성공으로 속히 가는 지혜로운 대처 방법이다.

현대물리학자들은 우주가 진동하는 끈으로 서로 연결되어있는 초 끈 이론을 언급하고 있는데 최신 끈 이론은 앞으로 우주의 비밀을 풀 수 있는 열쇠라고 이야기하고 있다.
3차원과 우주의 고차원세계가 서로 끈으로 연결되어있고 생각과 말과 소리의 진동을 공명으로 끌어당겨 그 공명을 통해 잠재의식을 깨우고 나의 꿈을 이룰 수 있을 뿐만 아니라 무한한 능력을 돕는다는 말이 결코 신빙성 없는 이야기는 아니란 것이다.
절실함이 기적을 만들 수는 있지만 실천 없이 이루어지는 건 하나도 없기 때문이다.

자기계발서 다양한 서적들을 보면 꿈을 이루기 위해 100번 적고 100일 동안 지속적으로 꿈을 적는 것이 한때는 트랜드였다.

물론 본인의 꿈과 의지를 담아 긍정 확언의 결과를 얻기 위한 방법인 건 맞다.

그러나 씨앗만 뿌리면 열매가 열리는가? 라는 질문을 던져볼 때 꼭 그렇진 않겠지만 주관적 의지와 결과론적 객관성이 될 경우 100일 동안 그것도 매일 약 1시간이 넘도록 100번씩 적는 건 혹 노동이 될 수도 있다.

더 나아가 모든 꿈에 행동이 없다면 그건 그냥 희망일뿐이다.

설레고 가슴 떨리는 꿈을 이루기 위해 노동을 동반하는 건 결코 바람 직하지 않기 때문이다.

그럴 바엔 좀 더 효율적이고 지혜로운 방법들을 생각해보고 선택하는 것이 훨씬 낫다.

무언가를 간절히 원하고 그것이 이루어지기 위해선 주체의 중독에 가까운 간절함과 확신을 필요로 한다.

오늘 다르고 내일 다르며 잠시 전과 잠시 후가 다르고 세상에서 가장 믿기 어려운 게 자기 자신의 마음인데 본질 그대로 똑같이 다 담아내기는 어렵다.

알지톡은 미래를 선언하고 선포하고 고차원 우주에 나의 마음의 소원을 간절히 보내는 것이고 내 믿음과 확신에 찬 동일한 고유에너지를 우주에 무한반복으로 고스란히 담아 보내는 것이다.

알지톡 녹음 어플은 이런 면에서 볼 때 매우 과학적이며 꿈을 이루는 대단히 간편하고 강력한 에너지 전달법이다.

알지톡 어플은 0~19세는 어플 1개가 필요하고, 20~29세의 경우는 어플 2개를 필요로 하며, 30~39세는 어플 3개, 40~49세는 어플 4개, 50~59세는 어플 5개, 60~69세는 어플 6개를 필요로 한다.

우리가 시간의 단위를 세분화하면 1분은 60초, 1시간은 60분, 1시간 (60분)을 초 단위로 나누면 $60 \times 60 = 3{,}600$초가 된다.
하루 24시간을 초 단위로 나누면 $3{,}600 \times 24 = 86{,}400$초가 되는 건 누구나 다 아는 사실이다.

그렇다면 1년을 초 단위로 나누면 $86{,}400 \times 365 = 31{,}536{,}000$초다.

가령 어떤 사람이 원하는 목적을 이루기 위해서 알지톡에 자기 소원을 녹음하였다.
그 소원이 이루어질지 안 이루어질지의 판단을 해보자.

57세 남성 주현호(가명)라는 사람이 있다고 생각하고 그 예를 한번 적용해보자.
50대는 어플이 5개가 필요하다고 했다.
57세인 이 남성은 올해 초 직장을 은퇴하고 내년 8월에 있을 주택관리사 자격시험을 앞둔 수험생이다.

직장을 은퇴하고 주택관리사 자격을 취득하고 취업하면 앞으로 많은 사람들이 쾌적한 환경에서 함께 누리고 공유할 수 있도록 가성비 높은 그린환경 모델 중 장기 프로젝트를 설계하고 꿈꿔왔다.

그는 은퇴 전부터 주경야독하며 내년 8월에 있을 시험을 꼼꼼히 점검하고 있고 틈이 날 때마다 자신의 마스터 플랜(master plan)시범 자문을 얻기 위해 발품을 팔아가며 견학을 다니고 있다.
주현호라는 사람은 가슴설레는 생각의 꿈이 있고 이를 위한 세심한 계획과 집요한 행동력으로 선의의 목적을 이루기 위해 현재 열심히 노력하고 있다.

주현호는 알지톡에 강하고 간절한 어조로 목적달성 의지를 담아 녹음을 하였다.
(알지톡 녹음의 말(曰)소리(聲) 최적화는 8초 이내가 가장 효과적이다.)
나 주현호는 내년(가칭) 8월 주택관리사 자격 시험에 합격했다!
주현호의 꿈은 이루어질까?

1년은 31,536,000×5(어플 5개)=157,680,000초가 된다.
3년을 계산하면 473,040,000초가 된다.

인디언들은 자기가 원하는 걸 2만 번 외쳤을 때 자기가 바라고 원하는 게 이루어졌다고 하는데 하물며 50대 주현호가 약 5억 번 가까이 본인의 꿈을 당당히 선포하는데 이루고자 하는 꿈을 이루지 못할 것이 전혀 없다.
단, 이루지 못할 거라는 불신의 문제이고 이루지 못하는 건 관찰자 효과를 신뢰하지 못하고 의심하는 이유밖에 없다.

잠재의식을 끌어당기는 에너지를 구현시키는 방법으로는 일종의 주술이나 기도 같은 방법을 들 수 있다.
그렇다면 주술과 기도의 열정으로 현재의식이 잠재의식 속으로 유입되었다고 보긴 어렵다.
그 열정의 극대화는 지속적이지 못하기 때문에 시간에 따라 일정 흐름을 유지할 수 없기 때문이다.

시간 흐름에 따른 변수를 말한 에빙하우스의 망각곡선에 따르면 인간은 기억에 대해 첫 이틀은 66%를 한 달이 지나면 79%를 잊어버리게 되고 나머지 21%만 오랫동안 유지할 수 있다고 한다.

꿈을 향해 목표를 세우고 세부 계획을 짜고 행동으로 옮겨 최선의 노력을 기울였지만 지속적 흐름을 유지하지 못함으로 인해 꿈을 접거나 혹 실패하는 결과를 낳았던 경험이 있을 것이다.
따라서 꿈을 이루기 위해 목표를 세우고 노력을 게을리하지 않는 행동의 시점에서 물론 기도와 간구도 필요하겠지만 그걸 도울 수 있는 끊임없는 반복적 주입 요건의 방법을 필요로 한다.

24시간 밥도 먹지 않고 잠도 자지 않고 심지어 생리 수단도 편히 못 보면서까지 볼일을 제쳐두고 원하는 목적을 구현하기 위해 기도와 간구가 가능할까?
신앙에 의존하는 사람은 기도와 간구라는 무기 때문에 목적달성이 일반인들보다는 좀 낫겠지만 그것도 지속적인 부분에는 한계가 있다고 할 수 있다.

만일 기도 응답이 즉시 해결되지 않을 경우 신앙인들도 역시 일반인과 다를 바 없이 똑같은 패턴을 보이게 되기 때문이다.

그렇다고 기도와 간구를 하는 노력이 의미가 없다는 이야기는 아니다. 자기가 구하고자 하는 목적은 이와는 별개로 지속적으로 기도와 간구도 병행을 해야 한다.

그럼 어떤 방법이 있을까?

가령 예를 들어 서울에서 부산까지 가기 위해선 여러 교통수단이 필요하다.

여객기를 탈 건지 아니면 KTX를 탈 건지 아니면 승용차를 이용할 건지 아니면 조선 시대로 돌아가서 가마나 짚신을 신고 끊임없이 걸어갈 건지 다양한 방법들이 있다.

도착 시점에서 보면 어떤 것이 가장 효율적일까?

상식적으로 생각해도 가장 빠른 교통수단을 선택하고 도착을 해서 보다 신속히 목표 수행을 하는 것이 더 바람직하기 때문이다.

어떤 문제에 부딪쳤을 때 사람마다 그 문제 해결을 위한 방법이 다 다르겠지만 그걸 돌파하기 위한 노력보다 대다수가 회피하는 방법을 찾기 마련이다.

우리의 현재 의식은 불완전한 존재이기 때문에 나약하기 짝이 없고 가능한한 빨리 그것으로부터 벗어나고자 하는 게 인간의 본능이다.

일상의 문제와 고민 앞에 우리가 무너지는 까닭은 현재 의식에만 의존하려는 어리석은 생각 때문이다.

다만 원하는 목표 달성이나 문제 해결을 위해 나약한 현재 의식보다는 무한한 잠재의식 세계를 빌리면 몇 배 아니 몇십 배 이상의 힘을 발휘할 수 있기 때문에 목표 달성이나 문제 해결에 더 가까워질 수 있다.

알지톡 녹음 성공사례

알지톡 녹음으로 목적을 성취한 사례들이 여러 가지가 있는데「꿈 내비게이션」책에 수록된 몇 가지 사례를 소개해 본다.

승진시험

저는 공기업에 입사해서 직장생활을 해 온지 올해로 15년 차가 되는 K라고 합니다.

시험 운이 없는 건지 아니면 예민한 성격 탓인지 고시 같은 승진시험에선 번번히 떨어지기 일쑤였습니다.

남보다 노력이 부족한 것 같지는 않은데 시험에 실패하는 이유를 모른 채 참으로 기가 막힌 노릇이었습니다.

동료들이 승진하는 걸 보면 속으로 울화가 치밀고 홀로 자괴감이 들 정도로 괴로운 나날 들이었습니다.

어느 날 공부도 하기 싫고 인터넷을 뒤지다가 우연히 녹음과 재생의 비밀에 대한 웹사이트를 접하곤 이게 무슨 이야기지? 듣보잡도 못한 이야기네? 하며 의아한 생각이 들었지만 눈과 마음은 그곳을 벗어날 수 없었습니다.

꺼림직한 구석과 궁금함이 앞서며 그 웹 뒤지기를 여러 번 결국 제 마음에 그 내용에 확신이 생기게 되었고 마침내 저는 녹음을 하기로 결정을 했습니다.

「나 K는 12월 승진시험에 무난히 합격했다.」고 녹음을 했고 그 내용을 무음 재생으로 돌렸습니다.

2011년 10월이었는데 여느 때와 마찬가지로 12월에 있을 시험을 대비해서 열심히 공부했습니다.

특이했던 점은 전과 비교했을 때 뭐랄까 마음이 조금 안정이 되며 공부가 좀 더 쉬워지는 느낌이 들었다고 할까? 여하튼 공부 집중력도 되었고 뭔가 좀 다른 느낌이었습니다.

12월 시험 전날엔 예전과 같이 심장이 쿵쾅거릴 정도로 긴장이 최고조였지만 아무튼 시험 당일 신기하게도 마음이 차분해져서 무난히 시험을 치루고 원하던 승진시험에 합격하여 승진하게 되었습니다. 고맙습니다.

꿈과 소원을 담은 녹음 어플을 바라보는 것이 저의 즐거움 중 하나입니다.

완전한 몸

저는 신체 온몸이 종합병원이다. 라고 별명을 가질 정도로 몸이 허약한 주부였습니다.

허리와 발목통증은 죽어서나 나을 것만 같이 지겹게도 나를 고통스럽게 따라다녔고 뚜렷한 치료 방법도 없어 병원에서 물리치료를 받으며 마치 유리 조각을 붙여서 만든 몸처럼 조심히 다루듯 해왔습니다. 그러던 어느 날 가까운 친구가 녹음의 힘에 대하여 이야기를 해 주었는데 그 말에 반신반의했지만 지푸라기라도 잡는 심정으로 녹음을 하기로 하였습니다.

녹음 방법도 잘 모르고 하여 그냥 급한 마음에 녹음을 했습니다.「나도 허리랑 발이랑 안 아프게 해 주세요.」라고 말입니다.

이 사실을 뒤늦게 알게 된 친구가 펄쩍 뛰고 이야기해주는 바람에 다시 녹음을 했습니다.

「나는 아픈 데가 하나도 없이 건강하게 살고 있다.」라는 문장으로 녹음한 후 무음으로 반복 재생을 했습니다.

그런데 문장에 깃든 나의 마음의 차이를 알게 되면서 깜짝 놀라고 말았습니다.

나는 여태까지 아픈 나를 진짜 나로 알고 인정하며 살았던 것입니다. 잘못된 생각이었음을 알고 나는 스스로 당당히 선언을 하였습니다. 나는 건강하며 완전하다고!

그런데 어느 날부턴가 그동안 시달렸던 통증이 내 몸을 빠져나가는 것 같은 느낌을 받았습니다.

마치 이삿짐 싸서 나가는 것 같은 그런 느낌? 나중에는 통증이 거의 사라져서 너무나도 신기했습니다.

내가 한 일은 유일하게 녹음만 한 것뿐인데 어떻게 이럴 수 있지? 참 의아했습니다.

그리고 얼마 후 갑자기 발목에 통증이 다시 나타났습니다.

물리치료를 다시 받아야겠다고 생각했었는데 문득 지난번에 했던 녹음을 기억하며 녹음 어플을 확인해보니 어플이 꺼져 있었습니다.

그래서 다시 어플을 재생시켰는데 그다음 날 거짓말처럼 통증이 씻은 듯이 사라졌습니다.

이게 어떻게 된 일일까요?

내 심리와는 무관하게 무언가 우주에 작용하고 있는 것임을 느끼면서 다시 한번 저는 놀라게 되었습니다.

저는 지금 무음 녹음에 힘입어 아픈 곳 하나 없이 건강하게 지냄에 감사합니다.

카페의 꿈

저는 오래전부터 카페를 운영하는 게 꿈인 바리스타 청년입니다.

2020년 2월 초에 제가 그리던 카페를 보게 되었습니다.

마침 거기는 내놓은 상태여서 침을 꿀꺽 삼켰지만 보증금이 만만치 않았습니다.

물론 너무나 인테리어를 잘 꾸며 놓았고 목도 좋은 곳이라 비쌀 거라는 걸 알았지만 제 수중에 있는 돈은 한 참 못 미쳤습니다.

그래도 왠지 마음을 접을 수 없었던 저는 우연히 유튜브를 보다가 녹음과 재생의 비밀을 알려주는 방송을 보게 되었습니다.

방송에서 유튜버는 이미 녹음의 원리를 활용하고 있었고 이 원리가 너무 좋다고 판단하여 자신이 방송에 공개하게 되었다는 내용이었습니다.

저는 실은 그분을 평소에 신뢰해왔던 팬이었기에 더 공감이 가게 되었습니다.

그리고 저도 그분의 말처럼 녹음하기로 마음먹고 녹음을 하였습니다.

「나는 2020년 3월에 카페를 오픈해서 운영하고 있다.」라고 녹음을 하는데 이미 기분이 좋아지면서 입꼬리가 마냥 올라가는 거 있죠? 그 결과 어떻게 되었을까요?

바로 그달 말에 부동산으로부터 전화가 걸려왔습니다.
내용인즉 사장님이 원하시는 보증금에 계약을 하시자네요. 하는 말에 저는 너무 놀랐습니다.
무슨 일이 일어난 걸 까요?
저는요 지금 그렇게 선망하던 카페를 인수했고 설레는 마음으로 하루하루 열심히 운영해 나가고 있습니다. 감사합니다.

이 외에도 자신이 바라던 소원이나 꿈을 녹음하고 이루어진 사례들이 부지기수다.
우리가 어떤 걸 간절히 바라는 것은 맹목적 믿음이 아닌 실체이며 과학적 상식이라는 점을 간과해서는 안 된다란 점이다.

생각의 차이 행동의 차이

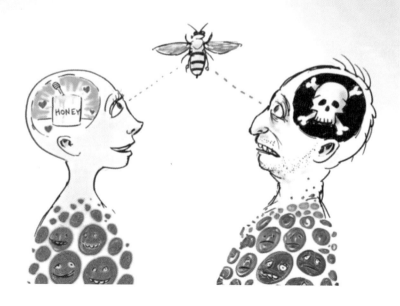

생각과 상상의 실체

오감을 통해 들어오는 정보를 융합해서 두뇌는 생각을 만드는데 1,000억 개가 넘는 뇌세포 뉴런(Neuron)은 생각할 때마다 약 20만 개씩 가지를 치며 의식이나 무의식을 통해서 만들어진 정보를 저장하는 공간이 무려 약 3억 년이나 된다고 한다.

인지 신경학자인 캘롤라인리프 박사는 우리의 생각은 실체이고 그 생각은 놀라운 힘을 갖고 있어 어떤 정보를 접하고 생각하느냐에 따라서 유전자나 뇌세포를 바꿀 수 있다고 이야기했는데 유전학에선 이런 현상을 에피지놈(Epigenome)이라고 한다.

2015년에 미국 오하이오 주립대학에서 생각이 만드는 놀라운 영향력에 대한 실험을 했는데 실험자 29명을 대상으로 두 팀으로 나눠 한 팀은 깁스를 하고 운동하는 상상을 하게 하고 다른 한 팀은 깁스를 하지 않고 운동하는 상상하지 않게 하고 한 달 동안 매주 5일씩 약 11분 정도 측정을 했다.

한 달 후 깁스를 제거하고 운동하는 상상을 하게 한 그룹과 그렇지 않은 그룹과 비교했을 때 측정 결과를 살펴보니 운동하는 상상을 하게 한 그룹의 손목 힘이 그렇지 않은 그룹의 손목 힘보다 두 배나 더 강하게 나타났다는 흥미로운 결과를 발표하였다.

이 실험분석 결과 실제 운동할 때의 신경망과 생각과 상상할 때의 신경망이 동일하다고 할 수 있는데 즉 우리가 어떻게 생각하느냐에 따라 우리의 삶과 환경을 실제로 바꿀 수 있다는 이야기가 되기도 한다.

물속에 있는 빙산(氷山)의 몸체는 물 밖의 육안으로 보는 것 보다 훨씬 더 크다고 하는데 보이는 부분은 전체의 약 10%로 일반적으로 나머지 부분은 물속으로 깊이 들어갈수록 점점 더 크다고 한다.
우리가 어떤 특정 사건이 드러난 결과보다 작을 때 흔히 빙산의 일각이라는 말을 하는 이유이다.

생각을 통해 만들어지는 사람의 마음 역시 겉으로 드러난 것보다 드러나지 않은 속내의 생각과 그 깊이를 알 수 없듯 드러난 외형은 빙산의 일각일 뿐이다.

생각이 만들어 낸 말

'말 한마디에 천 냥 빚을 갚는다.'고 하고 '한번 뱉은 말은 쓸어 담을 수 없다.'는 옛 속담이 있다.

말의 원천은 생각으로부터 비롯되는데 생각 없이 뱉은 말이 상대방에게 상처가 될 수도 있고 때에 따라선 상대방의 마음도 훔칠 수 있을 만큼 매우 예리한 비수와도 같다.

생각으로부터 입술을 통해 흘러나온 말은 상대방의 상태나 기분을 알아볼 수 있을 뿐만 아니라 때론 그 심중을 예측하고 사고방식이나 행동 수준까지 읽을 수 있기에 매우 조심스럽다.

우리가 흔히 무의식적으로 내뱉는 말 중 피곤하다. 지쳤다. 힘들다. 할 수 없다. 화가 난다. 괴롭다. 등의 부정적인 말은 자신의 귀를 통해 마음으로 들어가 부정적인 암시로 잠재의식 속에 내면화되고 각인되어 무의식적으로 내뱉는 습관화된 결과를 초래하게 된다.

감정과 행위의 전환이 생각처럼 쉽진 않지만 수많은 생각 속에 나도 모르게 내뱉는 말은 얼마든지 노력을 통해 바꿀 수 있으므로 생각으로부터 여과하여 내면에 고착화되지 않도록 방향 전환을 하는 것이 중요하다.

❖ 원망과 불평 제조기

노만 빈센트 빌의 적극적 사고방식의 글 중에서 「3등 석 기차여행에서 만난 한 부부 이야기」
서로 마주 보는 좌석에 앉자마자 아내는 입을 삐쭉거리며 남편을 향하여 계속 불평을 늘어놓기 시작했다.
'의자가 불편해서 뒤로 눕지도 못하고 '기차는 왜 이렇게 지저분해 불결해 '저 승무원들 인상은 불 친절하게 생겼어 하며 여행하는 내내 계속 남편에게 투덜거렸다.
앞에서 지켜보던 빈센트 빌 박사가 남편한테 말을 건넸다.
선생님! 아내분이 마음에 들지 않는 것이 참 많군요. 하고 웃으며 빈센트 빌 박사는 자기 소개를 하였다.
저는 목회자입니다. 하자 맞은편에 앉아있던 남편이 아 네. 저는 변호사입니다. 하고 정중히 인사를 하였다.
그리고 그녀의 남편이 자기 아내를 소개하였다.
제 아내는 제조업을 하고 있습니다.
아~ 아내분께서 제조업을 하시는군요. 그렇다면 어떤 제조업을 하십니까? 하고 물었다.
남편은 이렇게 말했다. 불평 제조공장을 운영하고 있습니다.

원망은 또 다른 원망을 부르고 불평은 또 더 많은 불평을 부르며 감사는 기쁨의 더 큰 감사를 낳는다고 했다.
가난하다 라는 말이 가난을 부르고 불행하다 라는 말이 불행을 부른다고 했듯이 세 치의 혀로 인해 부유하게 살 수도 있고 불행해질 수도 있다고 머피의 법칙에선 말한다.

머피의 법칙에선 그 이유를 두 가지 제시했는데 하나는 말은 인간의 생각이 음성으로 바뀐 것으로 나타내는 생각에 따라 청각을 경유해서 잠재의식에 각인된다고 했으며 또 다른 하나는 잠재의식의 색인 법칙에 따라 나타내는 의도대로 잠재의식이 판단하여 그걸 현실화시킨다고 하였다.

내면화의 악 순환적 단어의 말과 말투를 생각과 입술에서 차단하도록 지속적인 노력이 무엇보다 필요하다는 이야기이다.
지속적인 언어의 방향 전환의 노력은 부정적 단어를 내뱉는 횟수가 줄 뿐만 아니라 부정적 생각과 암시로부터 멀어질 수 있으며 긍정적 상념의 행동을 창출한다.

만일 감정을 품고 부정적 단어의 말을 하게 되면 그 영향력은 더 치명적일 수도 있다.
생각에서 출발한 부정적 요소가 마음으로 바뀌어 색인 법칙에 의한 잠재의식에 각인되게 되면 행동 균열에 의한 결과는 엄청나고 무서운 에너지를 낳기 때문이다.

뇌과학에선 마음은 오감을 통해 들어온 모든 정보가 뇌에 축적되고 서로 작용해서 마음과 생각을 만든다고 하고 태어나서 생각하고 겪고 보고 느꼈던 모든 것들은 의식과 무의식 속에 사라지지 않고 저장되어 있다고 한다.

의식에서 생각나거나 무의식 속에 감춰있거나 차이만 있을 뿐 여하튼 두뇌에 축적된다고 하는데 살아온 세월만큼 생각이나 마음이 저장되어 있다면 그것이 의식으로 출현 되는 건 당연한 것이다.

생각과 마음으로부터 만들어져 나오는 말 예전에는 말에 욕을 섞어 내뱉었다면 지금은 욕에 말을 섞어서 1분 24초의 호모 욕쿠스라는 별칭이 붙은 자라나는 청소년들의 입에서 순화되지 않고 거침없이 내뱉는 욕 언어는 더욱 치명적일 수밖에 없다.

또래 집단으로부터 자연스럽게 학습되고 그것이 흡수 일반화되어 집단문화가 되어버린 지금 우린 정지의 붉은 신호등을 켜고 근본점을 찾아 정화 회복해야 할 막중한 고민과 방법이 필요하다.

말에 지배받는 두뇌 세포

미국 워싱턴대 심리학과 엘마 게이츠 교수는 뇌의 편도체 변연계를 통해 인간의 감정에 관여하는 뇌가 어떻게 반응하는지를 알아보기 위해 사람의 생각으로부터 만들어져 나오는 말의 타액(唾液) 파편을 모아 분석 실험을 하였다.

평소에는 무색의 침전물이었고 사랑한다고 말을 할 때는 분홍색 욕을 할 때는 갈색의 침전물이었는데 욕을 할 때 나오는 침전물의 영향력이 어떤지 침전물을 모아 쥐에게 주사 주입하였더니 그 쥐는 곧바로 죽음을 맞이했다고 한다.

비속어나 거친 욕의 언어들은 순화된 아름다운 언어보다 우리 두뇌에 무려 4배나 강하게 인지되고 기억한다고 2004년 영국 런던대 존드 웨일 박사가 연구발표 하였고 '물이 답을 알고 있다.'로 잘 알려진 일본의 에모토 마사루 박사의 실험 속에서도 긍정적 사랑의 말을 하면 물이 균형적 결정 모양을 하고 부정적 나쁜 말을 하면 물의 결정이 깨지는 입증 결과를 우리는 이미 잘 알고 있다.

긍정메시지

사랑 감사

고맙습니다(일어)

고맙습니다(한국어)

고맙습니다(불어)

부정메시지

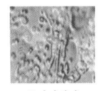
죽여버린다

You feel

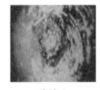
망할 놈

미친 놈

한글날 특집으로 MBC 방송에선 실험다큐 말의 힘에 대해 방송인과 사무실 직원을 대상으로 막지은 밥에 좋은 말과 나쁜 말을 4주 동안 지속적으로 하도록 실험을 했는데 두 눈을 믿기 어려울 정도로 차이가 확연히 다른 결과가 나왔다.

말 한마디로 차이가 날지 반신반의 의심을 했지만 놀랍게도 좋은 말을 들려준 쌀밥에선 구수한 누룩 냄새가 나쁜 말을 들려준 쌀밥에선 밥이 썩어버렸다.

밥이 귀가 있는 것도 아니고 세반고리관이 있는 것도 아닌데 좋지 않은 말을 했을 때 그렇게 변화되는 걸 증명하는 이 내용은 말하는 대로 되는 밥풀이 한 달 동안 듣고 겪었던 실험을 통해 우린 어떤 말을 해야 할지 많은 생각과 고민을 하게 하는 실험이었다.

위의 여러 가지 연구의 실험사례를 보았을 때 어떤 경우든 부정적 생각에 의한 오염된 말이 잠재의식 속에 내면화되고 부정적 상념에 말이 사로잡혀있는지 아닌지를 먼저 진단하는 것이 매우 중요하다.

집안 안방극장 TV뿐만 아니라 휴대하고 다니는 스마트폰에서도 드라마는 지칠 줄 모르고 인기를 누리고 있다.
드라마 작가는 그 드라마의 내용 소재들을 우리 삶과 밀접한 실생활에서 얻기도 한다.
그래야 시청자가 공감하는 리얼한 인기 드라마가 되기 때문이다.
많은 시청자가 즐겨보는 드라마의 재미는 인간의 집단 이성과 감성을 유혹하고 자극할 수 있어야 시청자의 마음을 움직이게 되고 더 많은 시청자의 시청으로 드라마 시청률을 높일 수 있기 때문이다.

드라마 내용이 신선한 감동과 훈훈한 사랑을 그린 내용도 있지만 선한 면보다 악한 면을 들추고 자극하는 드라마가 오히려 시청자들에게는 더 인기가 많다.
왜 그럴까?
바로 생각을 자극하고 대위(對位)하는 독특한 재미 때문이다.

밝고 아름다운 가족극으로 출발한 시놉시스 설정은 어느 순간에 사라지고 범죄 불륜 비도덕으로 얼룩진 걸 숨기려다 들통나 관계가 무너지는 내용으로 계속적 심리를 자극하고 몰아가는 작위적 부분 때문에 더 많은 인기를 누리고 있는 막장 드라마.

막장이란 말은 포괄적으로 출생의 비밀, 고부의 갈등, 삼각관계, 물질 만능주의, 불륜, 패륜, 강간, 청부살인, 집단구타, 음모 등으로 우리 사회에서 일어날 수 있는 사건 사고들을 비상식적으로 전개하는 드라마 등을 가르킨다고 정의하고 있다. (네이버 나무위키)

이러한 나쁜 영향의 드라마 내용을 시청한 많은 시청자들의 기억 속의 두뇌는 과연 어떨까?
앞서 알아봤던 에빙하우스 망각곡선은 첫 이틀은 66%를, 한 달이 지나면 79%를, 나머지 21%는 오랫동안 유지될 수 있다고 한다.
결국 21%는 결국 잠재의식 두뇌 속에 자리하고 있게 된다는 이야기다.

우리 두뇌는 나와 너를 구분하지 못할 뿐만 아니라 어떤 대상을 향해 던진 말이 상대에게 한 말인지 자신에게 한 말인지 잘 모르고 그대로 반응한다.
거친 욕설이나 상한 감정의 언어표현을 하게 되면 감정에 관여하는 우리 뇌의 편도체 변연계 부위가 반응하게 되는데 일상에서 만들어지는 생각 중 분노, 학대, 짜증, 원망, 좌절 등의 부정적 생각이 뇌 신경세포에 악영향을 줄 뿐만 아니라 치명적 뇌세포 손상을 입힌다고 뇌신경학자들은 말한다.

우리의 생각과 함께 어떤 언어를 쓰는지 듣는지에 따라 지각과 사고가 달라질 뿐만 아니라 사고방식에 영향을 미치기 때문에 생각과 언어 그리고 마음의 꾸준한 정화를 필요로 한다.

명심보감에 나오는 수구여병(守口如瓶)이란 사자성어의 의미는 입에 나오는 말이란 항아리에 담긴 것 같아 자칫 깨질 수 있으므로 조심하란 뜻이다.
의도에 따라 전달되는 말은 실체이기 때문에 그 영향력이 어떻게 미칠지에 유의하라는 말과 같다고 볼 수 있다.

말은 씨가 될 뿐만 아니라 한 번 내뱉은 말은 주워 담기 힘들다는 말처럼 어찌 보면 말을 조심하고 삼가는 것이 실수를 줄이는 방편일지도 모른다.
듣는 귀가 둘이고 입이 하나인 신체 구조의 의미를 곱씹어보면 그 의도가 이해가 간다.

옛 웃어른들은 말은 닦을수록 빛나고 향기가 난다고 했으며 말도 어떻게 하느냐에 따라 습관이 되므로 말버릇을 조심하라고 했다.
성경에 혀에는 권세가 있다고 했고 입술에 파수꾼을 세워 그 말을 지키게 해달라고 시편 기자는 말의 중요성을 언급했다.

생각이 말이 되고 말이 행동이 되고 행동이 습관이 되고 습관이 성격이 되고 성격이 운명이 되고 운명이 자기의 인생이 된다는 말을 남긴 영국총리 마가렛 대처 명언은 우리가 익히 들어 잘 아는 바다.

생각에 의한 말이 행동과 습관이 되어 성격이 되고 내 삶을 주장하고 이끌어 간다면 우린 어떤 말을 해야 할까?

무심코 던지는 말을 피해야 하고 함부로 내뱉는 말을 조심해야 하고 불평하고 원망하는 부정적인 말을 제어하고 생각과 언어의 여과의 변화된 습관을 갖춰야 한다.

서로를 축복하는 말, 서로에게 사랑하는 말, 서로를 돕고 이해하며 세워주는 말 그리고 긍정적이고 아름다운 언어 풍토의 환경은 나와 내 삶을 바꾸는 밑거름이 되기 때문이다.

생각에 의해 모든 걸 결정짓는 것도 자신이고 시작해서 출발하는 주체 역시 자기 자신이다.

또한 나를 바꾸는 것도 자신이기에 어떻게 마음먹고 실천하느냐에 따라 성공도 할 수 있고 실패도 할 수 있다.

베트남전에 참전하여 전쟁에서 하지가 절단되었던 한 병사가 있었는데 24,000명이 출전한 뉴욕마라톤대회에 참가하였다.
23,999명은 대회를 마치고 경기장에 들어왔지만 하지가 절단되었던 그 병사는 경기장 그 어디에도 보이지 않았다.
마지막 한 사람 때문에 대회종료를 하지 못하자 방송사와 기자들은 취재를 위해 북새통이었고 3일 후 팔로 달려온 병사가 경기장에 들어올 땐 수많은 참가자들의 환호와 박수갈채를 받은 인간 승리였다.
기자들이 소감을 묻는 질문에 그는 이렇게 말했다.
'75억 인구 중에 나는 24,000번째로 완주를 했다. 그러나 아직 못 들어온 사람들이 더 있다'.고…

가나안을 정탐했던 12지파 중 10개 지파는 거인인 네피림 후손들을 보며 가나안 입성이 불가능하다고 말을 했고 여호수아와 갈렙은 긍정적 인식으로 판단하여 가능함을 고백하는 장면이 성경에 나온다.
긍정적 믿음의 힘은 그 어떠한 물리적 힘을 능가하는 기적을 부르며 강력한 용기가 되어 승리하는 놀라운 결과를 얻게 된다.

같은 사안을 놓고도 생각하고 바라보는 시각에 따라 대하는 것이나 풀어가는 방향이 다르다는 것이다.
긍정적 판단의 말과 성공적 행동을 할 건지 아니면 부정적 말과 포기의 행동을 할 건지 내면의 사고와 인식 그리고 태도에 달려있다.
두뇌의 잠재의식은 생각하고 받아들이는 것을 실현하고야 마는 성질을 가지고 있기 때문에 자석의 자장처럼 원하는 방향으로 반드시 이끌어가게 되어있다.

생즉사(生卽思)란 말이 있는데 이 말은 산다는 것은 곧 생각하는 것이라고 하는 뜻이다.

어떻게 생각하고 무엇을 생각하느냐가 중요하다 라는 말인데 사기꾼은 어떻게 하면 어떤 방법으로 사기를 칠 수 있을까를 생각하고 도둑은 어떻게 하면 들키지 않고 교묘히 도둑질을 할 수 있을까를 골똘히 생각한다.

악한 생각을 했다면 그건 반드시 악한 생각으로 인한 악한 것을 도모하게 된다.

악한 생각은 악한 인간을 만들고 선한 생각은 선한 인간을 만들기 때문이다.

신으로부터 선하게 창조된 인간이 악한 생각을 하고 악한 일에 인생을 쏟는다면 그 인생의 말로(末路)는 뻔하기 때문이다

부정적 사고, 비판적 사고, 독선적 사고, 편협된 사고는 모두 생각으로부터 만들어진다.

부정적 사고와 비판적 사고, 독선적 사고와 편협된 사고를 벗어나 긍정적 사고를 꿈꿨다면 능동적 자아와 행동으로 개선하는 것이 바람직하다고 머피의 황금률(Golden Rule)에서 말하고 있다.

여기서 유의할 점은 긍정적이고 능동적 사고로 바꾸었다고 하더라도 모든 것이 전환된 것이 아니라는 것이다.

긍정적 사고의 평정심과 그것을 적절히 적용할 수 있는 감정으로 능동적인 행동을 발현하여 태도와 행동을 바꾸더라도 개선 전의 무의식

속에 잠재의식이 다시 드러난다면 부정적인 생각은 잠재의식 속의 무의식으로 다시 각인시킬 수 있으므로 유의해야 한다고 한다.

인간 본성을 연구하는 학자들 말에 따르면 인간은 특히 감정에 기초해 판단을 내리게 되고 그 판단과 이성의 논리로 스스로를 정당화한다고 이야기한다.
이 말은 다시 말해 인간은 감정의 동물이라는 것이다.
외부의 안 좋은 자극으로부터 감정이 상하면 냉철하고 냉정한 이성이라 할지라도 자칫 흔들릴 수 있기 때문인데 감정은 유리 같아서 조심스럽게 다루지 않으면 깨어질 소지가 있기 때문이다.

고대의 영웅이었던 기원전 4세기 알렉산더 대왕도 29세 나이에 세계를 정복할 정도의 뛰어난 능력을 보유했음에도 불구하고 결국 패망하게 되었다.
여러 가지 요인이 있었겠지만 이유는 우울증에 시달리고 술에 절어 살다 결국 32세 나이로 사망을 했다.
무려 600만 명에 달하는 유대인 학살 만행을 저질렀던 아돌프 히틀러도 역시 감정조절에 실패한 자였다.
최근엔 파렴치하고 패륜적이며 극악한 범죄들이 하루가 멀다 하고 부지기수로 발생하고 있을 뿐만 아니라 자살하는 사람들의 이야기로 언론을 온통 도배하고 있다.
이 모두가 감정조절을 하지 못한 비극적 말로의 사건들로 감정이 인간과 세상을 망친 사례들은 동서고금을 막론하고 쉽게 찾아볼 수 있다.

자신의 감정을 효율적으로 통제하려면 무엇보다 먼저 자기의 감정의 힘을 이해해야 한다.

통제되지 않는 감정, 충분한 사고 없이 자행되는 감정의 결과는 자아 뿐만 아니라 인생을 파괴시킬 수 있는 무서운 힘을 가지고 있다.

그건 불행하게도 탐욕, 시기, 증오, 복수, 편견 등의 부정적 생각을 동반하는데 우리 이성과 지성의 생각을 집어삼킬 뿐만 아니라 판단을 흐리게 하며 재앙의 결과를 초래하여 피해갈 수 없도록 만들기 때문이다.

생각과 마음의 오염된 부정적 사고의 지배를 받는 감정은 깊은 상처로 몰고 갈 뿐만 아니라 2차적 가해 행동을 불러일으켜 결국 스스로를 망하게 하는 것이다.

신은 우리 인간에게 미움의 감정도 주셨고 또한 사랑의 감정도 주셨다.

감정을 관리하는 것은 감정을 느끼는 행위 자체를 중단하거나 표현을 하지 말라는 것은 아니다.

다만, 그 감정의 상황에서 과잉을 억제하고 잠시 물러서서 감정통제를 다스려야 하는 본인의 의지와 노력에 달려 있다고 할 수 있다.

우린 살다 보면 모든 일이 원하는 대로 되기도 하지만 안되고 꼬일 수도 있다가 또 뜻하지 않게 풀리기도 하는 걸 경험한다.

머피의 법칙(Murphy's law)에선 잘못될 가능성이 있는 일은 반드시 잘못된다고 하고 반면 샐리의 법칙(Sally's law)에선 자신에게만큼은 반드시 유리하게 잘 될 수 있다고 말한다.

이것 역시 생각의 차이다.

머피의 법칙이든 샐리의 법칙이든 본인이 생각하는 관점에 따라 낙관으로 바라볼지 비관으로 바라볼지의 판단이 결정되고 그에 따른 행동을 하게 된다.

낙관적 시각에서 바라보는 사람이 일이 꼬이면 그 일은 한시적이며 반드시 극복할 수 있다고 생각하는 반면 비관적 시각으로 바라보는 사람은 왜 나에게 이런 일이 생기는지의 관점에 집중하고 고민하고 좌절한다.

동일하게 사과 3개가 있다고 할 때 맛없는 사과부터 먹게 되면 사과 3개를 모두 맛없게 먹게 되지만 맛있는 사과부터 먹게 되면 사과 3개를 모두 맛있게 먹을 수 있게 되는 것이다.

눈이 잘 보이지 않기 때문에 안경을 쓰는 사람보다 잘 보려고 안경을 쓰는 사람이 더 잘 볼 수 있으며 아파서 약을 먹는 사람보다 병을 나으려고 약을 먹는 사람이 약 효과가 크기 때문이다.

사람을 변화시키는 건 바로 어떻게 생각하는지와 인식하는 차이인데 부정적 생각은 본질적 문제점만 바라보고 아무 일도 못 하지만 긍정적 생각은 본질적 문제점보다 시야와 시각을 외부로부터 결부시켜 극복하려는 노력을 찾게 되는 것이다.

세상을 긍정적으로 바라보면 모든 결과는 긍정적 결과를 낳게 되는 것을 피그말리온(Pygmalion effect) 효과라고 한다.

성공의 반대가 실패가 아니고 포기이듯 역사를 주도했던 사람들은 모두 긍정적 사람들이었다.

부정과 긍정의 중간 냉소(冷笑)

찬웃음 또는 쌀쌀한 태도로 업신여기는 비웃음이란 어원의 냉소, 어찌 보면 긍정도 아니고 부정도 아닌 사이에 끼인 형태를 말한다. 이것도 아니고 저것도 아닌 뭔가 숨은 뜻이 있지만 꿍꿍이가 있어 알다가도 모를 그런 것을 가르키는 것이다.

페이스북 창업자 마크 저커버그와 그의 아내가 「인간의 가능성을 극대화하고 불평등을 해소하겠다는 취지」로 전 재산의 99%를 평생에 걸쳐 기부하겠다고 발표했을 때 그들에게 돌아온 건 존경보다는 냉소의 소리가 더 컸다.
'평생을 걸쳐 기부하겠다는 말이 모호하다'거나 '세금을 줄이기 위한 꼼수다'라거나 등등으로 언뜻 보면 합리적 의심 같지만 본질상으로는 매우 냉소적 태도이다.
심지어는 '그럴 바에는 아예 기부를 하지 말라'는 등의 비난 조의 반응까지 쏟아졌다.

왜 인간은 착한 일을 하는 사람의 의도와 동기를 의심하고 경계의 끈을 놓지 못하는 것일까? 어떤 사회가 불신으로 점철된 환경이라면 이 냉소는 어찌보면 환경에 적응하기 위한 한 방식일 수도 있다.

그렇게 물리적 환경을 제공함으로 말미암아 닥칠 더 큰 손실과 상처를 예방할 수 있기 때문이다.

냉소의 불신은 선한 행동 이면에 이기적 욕심이 숨겨져 있을 수 있으며 이로 인해 어떤 혜택을 안겨주기보다는 도리어 심각한 역풍을 불러올 수 있고 개인에게만 닥치는 것이 아니라 주변 집단에까지 더 많은 영향력을 미치는 어찌 보면 득보다는 실이 많다고 볼 수 있다. 이들은 선과 악의 이분법으로 점철되어있어 필요 이상 갈등의 증폭으로 의견 차나 문제해결을 어렵게 만들며 자기들을 보호하기 위한 유무형의 장치를 만드는데 골몰하기도 한다.

그들은 공공 협동의 가치보다 집단 이기주의 성향을 띠고 별것 아닌 일에도 과도하게 화를 내거나 적대적 태도로 공격적 반응을 보이며 조직 내 소통과 협력의 부조화로 인해 쉽게 이직을 하거나 경제적 빈곤의 딜레마에 빠질 수 있다.

결과적으로 볼 때 더불어 나누고 이해하는 인간관계의 그늘에서 커다란 손해를 입히는 대상이다.

냉소의 짧은 쾌감과 자극을 누릴 수 있을지 모르지만 냉소는 결국 건전한 자아 성취와 가치의 기준을 파괴함으로 말미암아 고립된 사고와 불신에 의한 우울을 경험할 확률이 높으며 연령이 높은 노인들에게는 이 냉소적 불신이 치매 가능성까지도 높다고 한다.

비판적 사고라는 이름으로 냉소를 품어내는 그릇된 사고관으로부터 우린 분별력 있는 판단이 필요하다.

품격있는 삶은 비판적 사고와 냉소적 불신의 미묘한 차이를 정확히 분별할 줄 아는 사람이다.

냉소의 사람은 사회학적 접근법으로 볼 때도 자기 자신이 드러나는 자체를 거부하기 때문에 당연히 자존감이 낮을 수밖에 없다.

따라서 행복감도 그렇지 않은 사람에 비해 현저히 뒤떨어진다.

인간의 지능을 연구하는 글로벌SQ연구소의 검사시스템에 의한 연구 통계 결과를 보면 자존감이 낮은 사람은 행복감이 뒤떨어지고 스트레스 지수가 높게 나타난다고 하고 반면 자존감이 높은 사람은 행복감이 높게 나타나고 스트레스 지수도 대부분 낮게 나타난다고 한다.

냉소의 사람이 만일 검사지 질문에 이중적 잣대로 거짓 검사를 했을 경우 당연히 좋은 결과가 나올 수밖에 없다.

그러나 분명히 달라지는 부분은 검사의 결과가 증명하는 것이 아니라 삶에서 그 진실이 드러나게 되기 때문이다.

냉소의 불신으로 점철된 환경을 극복할 수 있는 것은 자신 스스로 냉소주의로부터 벗어나고 탈피하려는 생각과 마음 그리고 행동과 노력이 필요한 것이다.

냉소감은 모든 것을 이겨낼 수 없을 뿐만 아니라 잠재의식의 숨은 오염원으로 인해 자기 뇌 전체를 오염시키며 결국 생각과 마음이 회복 불가능의 인간으로 만들 수 있기 때문이다.

인간 본성을 어떻게 보는지 사람마다 차이는 있다.

인간이란 믿을 수 없는 존재이기 때문에 세상은 만인 대 만인의 투쟁이라고 보는 사람들이 있다.

인간이 타인에게는 늑대와 같은 존재(Homo homini lupus)라고 보는 것이다.

반면 어떤 이들은 인간의 선한 면을 읽는다.

착한 일을 한 사람에게는 의심과 경계의 눈초리보다 지지와 존경의 따뜻한 격려를 건넨다.

아름다운 생각과 마음이 만들어져 자신을 사랑하고 남을 배려하는 마음을 가진 사람은 삶의 모든 것을 변화시키고 긍정적으로 이겨내는 동력이 된다.

그 모든 것은 생각과 마음으로부터 출발한다.

바라보고 지향하는 대로 그대로 그려지게 되고 지향이 되는 우리 뇌의 뇌세포가 있다.

이탈리아 신경심리학자가 리촐라티(Giacomo Rizzolatti) 교수는 우리 뇌가 생각하고 그리면 거울에 비친 모습처럼 그대로 나타나는 결과의 뇌세포가 있는데 그 뇌세포는 거울처럼 투영되어 나타나는 것으로 이를 거울 뉴런(mirror neuron)이라고 했다.

전염을 부르는 하품, 주사기 바늘을 보기만 해도 아픈 아픔, 축구 경기에 내가 뛰는 것 같은 열정의 흥분, 보는 것만으로도 생생하게 느껴지는 상대로부터의 경험, 아픔, 흥분 등이 내 머릿속에 거울처럼 반영되고 그 보상으로 상대도 나를 거울처럼 비춰주고 이해하는 만큼 이해받고 공감하는 만큼 공감받기를 갈망하는 뇌세포를 말한다.

부정적인 생각을 그리면 부정적인 모습으로 투영이 되고 긍정적이고 건강한 모습으로 바라보고 그리게 되면 긍정적이고 건강한 모습으로 비춰지게 되는 거울 원리이다.

가면성 우울증이 아닐까?

사람들을 만날 땐 유쾌하고 관계성에도 큰 문제가 없지만 집에 돌아와 혼자일 땐 급격히 우울해지는 경향의 A라는 사람이 있다.

그녀는 아무것도 하기 싫고 귀찮아서 하던 일도 미루고 누워 멍하니 천장을 바라보거나 휴대폰으로 시간을 보내고 있다.
휴대폰 속 재미난 영상물에 빠져들어 깔깔거리고 웃다가도 잠시 삶이 그렇게 즐겁지도 않고 어딘가 불안감이 엄습하자 혼자 생각에 잠겨 골똘해진다.

'이렇게 아무것도 안 해도 되나?'
어느새 꽤 많은 시간을 보내고 하루가 금방 그냥 그렇게 흘러갔다.
A는 휴대폰 속 바쁘게 살아가는 사람들을 부러워하며 무의미하게 사는 자기 자신을 생각해 본다.
'나 빼고 다들 열심히 사네… 휴~'
이처럼 밖에서는 잘 지내지만 혼자있을 땐 우울하고 무기력감이 드는 경우를 가면성 우울증(Hidden depression) 또는 스마일 마스크 증후군(Masked depression)이라고 한다.

마스크 속 자신은 울고 있지만 실제로는 억지로 웃으면서 살고 있는 것이다.

화가나도, 슬퍼도, 외로워도, 억울해도 모든 걸 감추고 괜찮은 척으로 심화 되어 곪아가는 증상이다.

가면성 우울증은 함께 생활하는 가족조차도 눈치채기 어려울 만큼 잘 모르는데 가면 속에 우울을 숨겨두는 것을 말한다.

겉보기엔 밝고 에너지가 넘치며 평소와 다를 게 없지만 내면 속은 심히 고갈되어가는 형태를 말하는 것이다.

착한아이 증후군이라고 하는 이 가면성 우울 증상은 분노조절 장애를 부르게 되고 결국 우울감의 증상이 극도에 달하면 극단적 선택을 할 자살 고위험군으로 분류될 정도로 매우 위험하다.

무기력과 우울감으로 부터 벗어나기 위해 정신과 전문의들은 3가지를 추천한다.

1. 게으른 완벽주의자 벗어나기

무기력한 사람들 중에는 완벽주의자가 많다.

따라서 완벽하지 못할 바엔 아예 시작조차 안 하고 스마트폰이나 게임에 몰두하거나 빠질 확률이 높고 자존감이 부족하여 불평과 불만을 일삼을 수 있다.

'망했다! 이 보고서는 쓰레기야…' 하지 말고 '3쪽이 조금 부족하지만 다른 내용들은 대체적으로 좋네.' 하고 스스로를 칭찬하라. 이렇게 잘된 부분과 안된 부분을 구분해서 받아들이고 긍정적 부분을 찾아 '어떻게 처음부터 완벽하겠어? 점점 발전하면 되는거야.' 하며 자기의 자존감을 높이는 연습이 바람직하다.

2. 자기 비난과 자기 성찰 구분하기

작은 실수에도 스스로 자괴감을 느끼고 스스로를 비난하면 당장은 몰라도 점차 내면은 멍이 들고 상해가게 되어있다.

'내가 그러면 그렇지 어떻게 매번 실수하냐. 멍청이 나가 죽어…' 라고 다그치는 것 보다 객관적으로 어떻게 해야 실수를 하지 않을 수 있는지 침착히 따져보는 것이다.

'아! 그래 이 부분을 깜빡 놓쳤구나 그래도 다른 부분은 잘했네? 앞으론 더 집중해 보고 실수하지 말아야지.'라고 하며 자기 자신을 보듬고 성찰하는 편이 훨씬 바람직하다.

3. 하루 10분 내 마음 보기

오늘의 내 컨디션은 어떤지 뭘 먹고 싶은지. 지금의 감정은 어떤지 아무리 바빠도 잠깐만이라도 자신을 생각해 보라는 거다.

타인에게 잘 보이려는 것이 아니라 하루 10분만 나를 위해 내 생각을 하고 마음을 챙기며 조금씩 내가 원하는 걸 찾으라는 것이다.

건강하게 자신을 드러내고 '오늘 내가 스트레스를 많이 받았구나. 잠깐 산책하면서 쉬어야겠다.' 하며 스스로의 모습을 알게 되는 것만으로도 나를 잃어버리지 않을 수 있기 때문이다.

우울감의 키워드는 긍정적 나를 발견하지 못하였거나 꿰뚫어 보지 못한 결과이다.

괜찮은 척 아픔을 숨기고 살아간다면 수시로 자책하고 스스로를 괴롭히는 결과가 된다. 따라서 괜찮은 척, 행복한 척 하지 않고 자신에 대해 보다 솔직해지는 것이 자기를 사랑하고 존중하는 것이기 때문이다. (정신과 전문의 정우열 강력추천)

척으로부터 솔직하라

세상을 살아가는 사람들 중에는 여러 가지 유형들이 있는데 그중에도 정신적으로 죽어있는 사람, 무기력에 빠져 있는 사람, 목표 없이 분주하게만 살아가는 사람, 꿈을 사치로 여기고 살아가는 사람, 현재보다 나아지길 바랄 뿐 행동하지 않는 사람 등등 다양한 유형의 사람들이 있다.

그들은 생물학적으로는 살아있다고 하지만 진정한 행복을 누리지 못하고 살아가는 사람들이다.

타인을 원망하고 탓함으로 자신을 정당화하여 잠시 동안 정신적 만족과 다른 타인으로부터 공감을 얻고 동정을 얻는다 할지라도 사실이 바뀌거나 상황을 변화시키는 데는 큰 효과가 없다.

상식적으로 생각해볼 때 행동하지 않으면 그 어떤 일도 일어나지 않는다는 걸 모르는 사람은 없다. 그런데 왜 많은 이들이 행동하지 않고 많은 시간과 노력을 허비하는 걸까?

현재 처한 상황을 개선해 보고 싶은 마음은 굴뚝 같지만 구체적이고 적극적인 노력은 하질 못하는 이유는 바로 느린 죽음으로 부르는 두려움과 게으름 때문이다.

게으름은 기회의 천적으로 느린 죽음이라고 지칭하기도 하며 정신적 육체적 편함을 동반한다.

게으름을 느린 죽음이라고 부르는 이유는 행동력과 의지력을 단칼에 베듯 단절시키는 것이 아니라 서서히 말려 죽이는 속성을 가지고 있다.

게으름은 행동력이나 의지력을 제지 시키고 얄팍한 자신의 경험으로부터 정신적 육체적 안정화를 불러들여 틀에 박힌 일정한 방식이나 태도를 계속적으로 취하게 하고 매너리즘(mannerism)에 빠지게 한다.

행동력이나 의지력을 사로잡은 게으름은 잠재의식 속에 불신과 두려움을 불러일으키고「내가 그렇지 뭐, 뭐 한다고 그게 되겠어?」하는 생각을 집어넣을 뿐만 아니라 무기력의 멜랑콜리 우울증(melancholy depression)의 포로로 만들어 버린다.

비록 한 단계 두 단계 더디다 할지라도 나는 할 수 없다고 생각할지 모르지만 반드시 할 수 있는 강한 내부의 힘을 믿고 척으로부터 변화하기 위해 조금씩 차근차근 접근하는 것이 중요하다.

우리 생각은 그 어느 것보다 훨씬 강력하게 변화시킬 에너지와 동력을 가지고 있기 때문이다.

우리 마음의 평안과 기쁨은 바로 생각으로부터 지배를 받는데 마음이 건강하고 평정되었다 할지라도 잘못된 이야기나 여과 없이 유입된 생각들이 지속적으로 뇌에 유입되게 되면 내면화된 마음 역시 그 질서가 깨질 수 있을 뿐만 아니라 자칫 무너질 수도 있기 때문에 이에 대한 철저하고도 구체적인 분석과 노력 들이 필요하다.

오염 뇌세포 회복 방법

뇌과학에서 이야기하는 부정적인 생각 오염원을 찾아내고 두뇌를 새롭게 하기 위한 방법으로 글로벌SQ연구소에선 의식을 변화시키는 적용 방법을 추천하고 제시하고 있다.

1단계 생각을 진단하라.
2단계 생각을 사로잡아라.
3단계 선포하라.
4단계 믿고 감사하라.

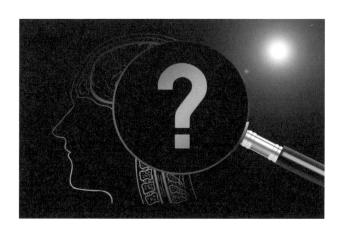

1단계/ 생각을 진단하라.
생각을 진단하기 위해 바른 자세로 앉아 심호흡을 크게 하고 눈을 감아보자. 나의 뇌세포를 오염시키는 독성 생각들이 있는지 내 마음속 깊은 곳으로 가보자.

내 마음속에 어떤 사람이 미워지거나 용서가 되지 않는 것, 화를 나게 만드는 것, 울분을 일으키는 것, 나를 우울하게 만드는 것들 그리고 좋지 않은 감정 등 그 모든 것들을 한번 떠올려 보자.

195쪽 1단계 2번 항목 내적 자원을 살펴보면 본래 우리 인간은 사랑과 자비, 기쁨과 긍정, 인내와 절제, 온유와 화평 충성 등 아름다운 미덕을 소유했었는데 나쁜 생각으로부터 만들어진 오염원들로 인해서 이 모든 것들이 깨어졌다고 말한다.

나쁜 생각으로부터 만들어진 오염원은 무의식 속에서 자신을 괴롭히고 파괴된 생각의 뇌세포들과 연관된 것이기 때문에 이것을 진단하고 사로잡아 내야 한다.

2단계/ 생각을 사로잡아라.
눈을 뜨고 생각을 사로잡아라 항목에 내가 떠올린 부정적인 그 오염원들을 펜으로 적어보자. (예를 참고)

예1) 나는 매사에 절제력이 부족하고 낭비벽이 심하다.
예2) 하는 일들마다 잘 안되고 풀리지 않아 속상하다.
예3) 날마다 쓸데없이 잔소리하는 엄마가 너무 밉다.

두뇌를 새롭게하라!

1단계 생각을 진단하라

1. 뇌세포를 독성에 오염시키는 생각들을 진단하기
   (잘못된 생각, 나쁜 생각, 부정적 생각, 잘못된 습관 등)
2. 내적자원의 상태를 진단하기
   (사랑과 자비, 기쁨과 긍정, 인내와 절제 / 온유, 화평, 충성)

2단계 생각을 사로잡아라

1.
2.
3.
4.
5.
6.
7.
8.

3단계 선포하라

1. 사로잡은 생각의 사라짐을 선포하기
   (예) 모든 부정적인 생각들은 사라져라!
2. 믿음의 원리와 관찰자 효과, God Spot 영역을 확신하며 선포하기

4단계 믿고 감사하라

1. 사로잡은 오염된 생각들이 사라졌음을 상상하기
2. 믿음의 원리와 관찰자 효과, God Spot 영역을 확신하며 선포하기
   (예) 모든 부정적인 생각들을 사라지게 해주시니 감사합니다.

SQ 다이어리

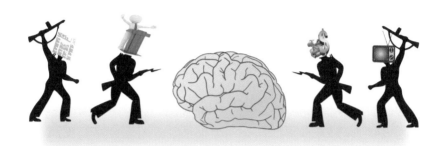

1단계/ 사랑과 자비, 기쁨과 긍정, 인내와 절제, 온유와 화평 충성의 내적 자원을 파괴하는 잘못된 생각, 나쁜 생각, 부정적 생각, 잘못된 습관 등 오염원 들을 진단한다.

2단계/ 뇌세포로부터 파괴되고 오염된 생각들을 사로잡아내기 위해 하나하나 적어보자.

사로잡은 오염원들을 제거하지 않고 그대로 두면 48시간 내에 무의식 세계로 들어간다고 한다.
만일 그 오염원들 자체를 그대로 두고 지나쳐버리면 무의식 세계에 자리한 오염원들은 마음으로부터 지속적인 상처를 주고 동일 사건의 반복적 결과인 극단적 트라우마로 자신을 괴롭히게 된다.
따라서 오염원들을 제거하고 건강한 두뇌가 될 수 있도록 영 중추 (God Spot) 영역을 자극하여 두뇌 전체가 복합적으로 활성화 될 수 있도록 관찰자 효과와 믿음의 원리로 제거되었음을 알리는 강력한 선포가 필요하다.

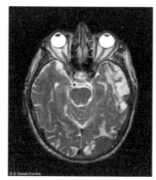

The God spots revealed:
Scientists find areas of the brain
responsible for spirituality

By DAILY MAIL REPORTER
PUBLISHED:06:15 GMT, 21 April 2012 | UPDATED:06:57 GMT, 21 April 2012

   ♥ 153

Scientists have speculated for years that the human brain features a
'God spot' one distinct area of the brain responsible for spirituality.

Now, University of Miss ouri researchers have completed research that
indicates spirituality is a complex phenomenon and that multiple areas
of the brain are responsible for the many aspects of
spiritual experiences.

The new work is based on a previously published study that indicated
spiritual transcendence is associated with decreased right parietal lobe
functioning.

❖ 갓 스팟(God Spot)

현대물리학의 최첨단 이론인 끈 이론에 서는 3차원과 고차원도 연결되어
있다고 말한다.

또한 뇌과학에서는 고차원을 인식하면 반응하는 영역인 God Spot, God
Module이 존재하며 이 영역이 활성화되면 두뇌 전체가 복합적으로 반응
한다고 한다.

미국 뇌신경학자이며 캘리포니아대학 인지과학센터 소장인 라마찬드라
교수는 수많은 간질환자를 대상으로 연구를 진행하던 중 영적 종교적 대
화를 할 때마다 뇌의 측두엽에 신경 영역이 반응한다는 연구사실을 발표
하였다.

2단계 생각을 사로잡아라. (사례)

글로벌SQ연구소에서 진행된 진로동아리 중학교 수련회 마지막 날 두
뇌를 새롭게 하라(Make New Brain)시간에 중학교 1학년인 한 학생
이 2단계 생각을 사로잡아라. 프로그램 진행 도중 갑자기 펑펑 울고
있었다.

그 친구는 본래 누구보다도 밝고 명랑한 아이였는데 돌발적인 행동에 모두를 놀라게 하였다.

연유를 자세히 알아보니 엄마가 언니와 자기를 늘 비교해서 상처를 많이 받아 2단계 생각을 사로잡고 적는 과정에서 엄마가 너무 밉다고 쓰려고 하니 그동안의 감정이 복받쳤던 것이었다.

엄마는 자기를 너무 사랑해서 그런 것인데 자기는 그게 큰 상처가 되었던 것이다.

객관화된 사실을 적게 되면 시각화를 통해 전두엽으로 전달되어 생각을 생각할 수 있게 하는 존재가 바로 우리 인간이다.

따라서 생각을 생각하기 때문에 아!~ 내가 이런 생각을 하고 있었구나 하고 마음으로 느끼게 된다.

시각화는 그래서 무엇보다도 중요하다.

나의 두뇌로부터 부정적이고 파괴된 오염원들을 적고 사로잡아 내고 얼마든지 객관화할 수 있다.

객관화된 오염원들을 이제 처리하는 과정이다.

어떻게 처리해야 할까?

3단계/ 선포하라.

사로잡고 적은 생각들을 관찰자 효과 믿음의 원리로 사라질 것을 확신하고 선포하기.

뇌 신경외과에서 악성 세포를 핀셋으로 꺼내어 간단히 제거할 수 있는 기술을 가진 의사가 있다면 그 의사에게 수술을 받기 위한 사람들이 줄을 설 것이다.

더욱이 뇌수술은 고난이도 수술이기 때문에 고가의 수술비용을 지불해야 할 뿐만 아니라 극히 위험한 위험도도 뒤따른다.

오염된 오염원들을 고가의 수술비용을 지불하지 않고 위험도도 뒤따르지 않는 방법으로 얼마든지 뇌세포를 변화시킬 수 있다는 것이 얼마나 놀라운가?

부정적으로 만드는 악성 세포의 독성 요소와 파괴적 요인들을 적었으니 사라짐으로 이젠 강력히 선포하는 것이다.

어떻게?

나를 괴롭히는 오염의 독소들아! 사라져라! 사라져라! 사라져라! 하고 강하고 확신 있게 선포하는 것이다.

바라보는 대로 말하는 대로 된다는 것이 바로 이걸 두고 한 말이다.

밥에게 좋은 말을 하면 구수한 누룩이 된 반면 나쁜 말을 하면 냄새나고 썩은 곰팡이가 핀 걸 앞서 보았다.

물은 답을 알고 있다에서도 좋은 말을 하면 물의 결정체가 형태를 갖추고 나쁜 말을 하면 물의 결정이 깨진 것을 보았듯이 말이다.

관찰자 효과로 그대로 바라보고 선포하면 반드시 그대로 이루어진다.

❖ **관찰자 효과(Observer Effect)**

양자물리학 분야에서 최고의 권위를 자랑하는 이스라엘 와이즈만 과학원에서는 이중슬릿 실험(Double slit experiment)은 소립자의 운동성과 정체성에 대한 실험이었는데 소립자는 사람의 생각을 그대로 읽어내고 자신의 움직임을 관찰자 생각에 따라 결정된다는 실험이었다.

세계적 물리학 전문지 물리학 세계(Physics Aorld)에서는 이 실험을 인류 과학상 가장 아름다운 실험으로 선정 평가했고 소립자는 눈에 보이지 않는 물결로 우주공간에 존재하다가 내가 어떤 의도를 품고 바라보는 바로 그 순간 돌연 눈에 보이는 현실로 모습을 드러내는 걸 관찰자 효과라고 한다.

예1) 절제력이 부족해고 낭비벽이 심한 모든 것 들은 사라져라! 사라져라! 사라져라!

예2) 안된다고 풀리지 않는다고 하는 속상한 마음아 사라져라! 사라져라! 사라져라!

예3) 나를 위해서 걱정하는 엄마를 미워했던 마음아 사라져라! 사라져라! 사라져라!

절대 사라졌음을 믿고 의심하지 말고 강력히 선포한다.

그럼 언제까지 해야 하는가?

「21일간」 진행한다.

우리 두뇌의 뇌세포는 마치 플라스틱 처럼 변형이 가능한데 바로 그걸 신경가소성(Neuro-plasticity)이라고 한다.

따라서 21일간이면 우리 뇌세포의 습관과 형성을 변화시키고 바꾼다고 한다.

21일간 철저히 결심하고 진행하는 것이 중요하다.

결심한다는 건 여러 가지 다른 선택의 가능성을 배제하고 오직 하나에 집중하는 것으로 그것을 행동으로 옮길 때 비로소 온전하고 진정한 결심이 되는 것이기 때문이다.

여러 가지 이유로 바쁘기 때문에 지속적이지 못하면 성과를 거두지 못할 뿐만 아니라 결심만 하고 끝나는 결과를 낳게 되는 것이다.

결심에 따른 행동과 습관은 나중엔 그 습관이 나를 이끄는 커다란 동력이 되므로 매우 중요하다.

실존지능을 다년간 연구해온 글로벌SQ연구소에선 인간의 의식지능을 바꾸는 방법으로 SQT21을 소개하고 있다.

나를 진단하고 습관과 생각을 바꾸고 개선시키며 두뇌를 새롭게 바꿔 인생의 터닝 포인트로 추천하는 SQT21은 최적화된 Man To Man의 자기변화 향상 프로그램이다.

부정적 생각으로부터 긍정적 생각으로 바꾸는 21일간의 자기주도 훈련이다.

생각을 열고 결단하고 감사를 찾아 기록하는 일기로 입으로 반복해서 선포하고 되뇌이다 보면 어느새 변화된 마인드로 바뀌고 바뀐 자아를 경험하게 되며 새로운 시각과 환경의 세계로 인도하게 된다.

4단계/ 믿고 감사하라.
진단하고 사로잡고 선포한 다음 그 악성 오염원들이 사라졌음을 믿고 감사하는 것이다.

21일간의 부정적이고 파괴적 생각들의 독성 세포를 제거하고 건강한 긍정의 뇌세포를 안착시켰음에 관찰자 효과로 절대 확신하고 감사해야 그대로 이루어진다.

감사의 방법은 부정적 생각을 거부하고 긍정적 생각으로 전환하며 모든 걸 변화시키는 가장 빠른 회복 방법 중 하나일 뿐만 아니라 시너지효과를 내는 도구이기도 하다.
생각에 담은 것을 극대화할 수 있는 방법으로 시각화의 감사일기나 메모화의 방법은 매우 좋은 회복 방법인데 시각화의 방법은 생각으로부터 다시 한번 자신의 의지를 자극하게 되고 온전히 각인시키는 놀라운 효과적 방법으로 널리 알려져 있다.

감사일지와 시각화

감사일지

2단계 생각을 사로잡아라.에서 적었던 오염된 생각의 내용을 변환하여 감사일지에 적어보자.

예1) Q 나는 매사에 절제력이 부족해고 낭비벽이 심하다.
　　 A 규모 있게 계획하고 절약하게 되어서 감사합니다.

예2) Q 하는 일들마다 잘 안되고 풀리지도 않아 속상하다.
　　 A 계획하고 준비하는 일마다 잘 풀어져 감사합니다.

예3) Q 날마다 쓸데없이 잔소리를 하는 엄마가 너무 밉다.
　　 A 나를 너무 사랑해서 걱정해주는 엄마!~감사합니다.

우리 의식은 확신의 긍정적 생각보다 의문의 부정적 생각으로 치우치는 경우가 많다.
잘 될거야! 반드시 잘되게 되어 있어! 라는 생각보다 잘 될까? 혹시 안되면 어떻게 하지? 그게 어려울 것 같아. 라는 생각의 지배를 받는 경우가 더 많기 때문이다.
따라서 보다 명확히 자신의 의지를 견고하게 하기 위해 시각화의 방법을 추천한다.

시각화의 이미지를 통하여 한 번 더 확고히 선포하게 되면 더 큰 영향력으로 뇌세포를 변화시킬 수 있다.

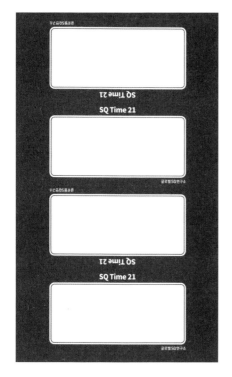

좌측 어두운 색은 나의 뇌세포를 장악했던 부정적 파괴적 요인의 오염원을 적는다.

예) 매사에 절제력이 부족하여 낭비벽이 심했던 것들아 사라져라!

어두운 색의 오염원은 그동안 나를 장악했던 쓴 뿌리였다.

따라서 이 오염원을 적고 지갑 또는 휴대백에 넣고 다니며 틈틈이 꺼내어 되뇌이거나 선포하는 것이다.

양면으로 사용할 수 있도록 적고 잘라서 접어 테이블에 올려놓고 사용하는 것도 한 방법이다.

좌측 녹색 부분은 나의 뇌세포를 완벽하게 변화시킴에 감사하는 긍정적 감사요인을 적는다.

예) 나를 너무 사랑해서 걱정해
주는 엄마! 감사합니다.

마찬가지로 이 고백을 적고 지
갑 또는 휴대백에 넣고 다니며
틈틈이 꺼내어 되뇌이거나 선
포하는 것이다.

양면으로 사용할 수 있도록 적
고 잘라서 접어 테이블이나 책
상 등 잘 보이는 곳에 올려놓고
사용한다.

우리의 생각과 언어, 의미, 선포
로 이루어진 우리의 지각과 사
고를 우린 반드시 바꿀 수 있다

는 의지와 확신 그리고 신념을 가지고 행동해야 변화될 수 있다.

❖ **이미 자신은 생각으로부터 변화되었다.**

우리가 잘 아는 세계적인 명차를 만든 헨리 포드가 대성공을 거두고 신
문기자들과 공식 인터뷰장에서 한 이야기다.

한 기자가 포드에게 물었다. 포드씨는 원래 가난한 농민 출신으로 무(無)
에서 출발해서 오늘에 부호(富豪)가 될 수 있었던 걸로 아는데 그렇다면
결정적인 계기가 무엇이었나요? 라고 물었다.

그러자 그는 기자에게 이렇게 반문을 했다. 그 말은 실례가 되는 말입니
다. 라고 말하자 기자는 휘둥그래진 눈으로 포드에게 저... 저의 질문에
무슨 문제가 있습니까? 라고 물었다.

그러자 그는 네. 제가 아무것도 없는 무에서 출발했다는 말은 틀렸습니다.

기자가 물었다. 포드씨는 아주 가난해서 돈이 거의 없었던 걸로 알고 있었습니다만… 하며 화색이 붉어지며 당혹스러워했다.

그러자 그는 아무래도 오해하신 것 같군요. 저는 가난했던 것이 아니라 처음부터 무한한 부(富)를 공급해줄 그 무언가에 연결될 걸 믿었고 반드시 성공할 것을 믿는 신념 그것이 부를 공급해줄 요소가 되었다고 말을 했다.

이 이야기는 우리가 어떻게 받아들이는가의 생각의 차이이며 판단의 척도이다.

깡통 속 돌맹이 창조물

소년의 이웃집에 약 80세가량의 다소 무섭게 생기고 고집스럽게 생긴 할아버지가 살았다.

할아버지는 가끔씩 소년에게 자기 마당의 잔디 깎는 아르바이트 일을 주었다.

소년은 그 일로 할아버지와 가까워졌는데 어느 날 할아버지께서 소년에게 보여줄 게 있으니 자기 차고로 오라고 하였다.

소년은 무심결에 할아버지 차고로 가게 되었는데 거기에는 낡은 돌 텀블러 한 대가 있었고 모터와 깡통이 밴드로 연결되어 있었다.

할아버지는 소년에게 밖으로 나가서 자기와 함께 돌멩이를 줍자고 했다.

영문도 모른 채 소년은 할아버지가 시키는 대로 울퉁불퉁한 돌들을 잔뜩 주워 모았다.

할아버지는 깡통 안에 주워온 돌멩이들과 약간의 액체와 돌가루를 함께 넣고 뚜껑을 닫고 모터를 돌리기 시작했다.

그러자 돌멩이 굴러가는 소리가 차고를 진동시킬 만큼 시끄럽게 들려 소년은 두 귀를 막고 말았다.

할아버지는 소년에게 내일 이 시간에 다시오라고 하곤 가버렸다.

다음날 차고로 찾아간 소년 앞에 할아버지는 하루 동안 깡통 속에서 굴렀던 돌멩이를 꺼내어 보여주었다.

소년은 자신의 눈을 의심했다. 어제 자신이 주워온 돌은 분명히 모나고 볼품없던 돌이었는데 그야말로 둥글둥글 아름답고 매끈한 돌이 되어있는 게 아닌가?

서로 다른 것들이 충돌하고 깎이면 새로운 것이 만들어질 수 있다는 신선한 생각을 그에게 던져주었기 때문이다.

신선한 생각의 발상을 일으켜준 아이디어를 발판으로 그 소년은 훗날 세기의 작품인 애플을 창조하게 되는 창업주 스티브 잡스가 된다.

뾰족하고 서로 모난 돌이 부딪치면 날카롭게 서로를 공격하기 마련이다.

서로 다른 모난 것들이 조화롭게 섞여 새로운 것이 생기기 위해선 반드시 거쳐야 할 과정이 있다.

그것은 모난 돌들의 모난 부분이 깎여야 되는 과정이다.

깎이지 않은 모습을 깎지 못하고 살아간다면 깎이지 않은 모습으로 영원히 살아갈 수밖에 없는 생각을 하게 하는 교훈이다.

개인주의와 이기적인 모습이 투영되어 그대로 비춰진다면 사회는 개인적이고 탐욕적인 사회가 되게 되어있고 서로를 보듬고 따뜻한 정을 나누는 모습이 비춰진다면 아름답고 밝은 세상을 만드는 사회가 될 수 있기 때문이다.

감사 부르면 감사 부른 대로

5분의 갈림길에 바뀐 인생

한 남자가 있었다. 그는 사회주의에 탐닉해 비밀 결사대를 결성했다는 이유로 28세 나이에 사형선고를 받았다.

영하 50도의 추운 겨울날 그는 몇몇 죄수들과 함께 사형집행장으로 끌려갔고 기둥에 묶였다.

어떤 이유인지 모르지만 다른 집행자들도 기둥에 묶어지고 있었고 집행언도가 떨어지기까지 주어진 시간은 5분!… 28년을 살아왔지만 그 5분이 그토록 짧게 느껴지는 건 처음이었다.

그의 눈가엔 이슬이 맺히기 시작했고 생의 마지막 남은 그 5분을 그는 이렇게 쓰기로 결정했다.

같이 끌려온 사람들과 마지막 인사 2분 지금까지 살아온 생활과 생각을 정리하는데 2분 그리고 남은 1분은 자연을 한번 둘러보는 데 쓰기로 했다.

형 집행자들과 마지막 인사를 나누는데 2분을 썼고 이제 남은 3분을 자신을 돌아보려는데 왜 이렇게 눈물이 쏟아지는지… 하염없이 흘러내리는 눈물은 주체할 수 없이 짧은 시간을 흘려보내고 있었다.

살아왔던 세월이 너무나 헛되고 허무하게 느껴졌다. 다시 시작할 수만 있다면 하는 생각이 너무도 간절했지만 돌이키기엔 이미 늦은 일이었다.

총에 탄환을 장전하는 소리가 너무도 크고 무섭게 들려왔고 그의 눈엔 이미 암흑으로 변한 두려움과 공포만이 엄습을 했다. 총구가 드리우자 그의 몸은 굳어버렸고 그는 눈을 지그시 감았다.

바로 그 순간 어디선가 멈추시오! 하는 다급한 소리가 들려왔다. 그는 감았던 눈을 떴다.

어느 한 병사가 흰 손수건을 흔들며 사형 집행장으로 달려오고 있는 게 아닌가?

그 병사는 황제의 특사령을 가지고 왔던 것이다. 외마디 병사의 외침에 그는 죽음을 앞둔 5분의 갈림길에서 기적적으로 살아난 것이다. 삶과 죽음의 경계 5분을 경험했던 그 사형수가 바로 죄와 벌의 명작으로 이미 우리에게 잘 알려진 러시아의 대문호 도스토예프스키다. 그는 벼랑 끝에서 삶의 소중함을 깨닫고 이후의 시간을 금쪽같이 여기며 최선을 다하는 인생의 삶을 살았다고 한다.

삶의 마지막을 정리해야 할 죽음 앞에 우린 지나온 삶들을 되돌아보게 되는데 타인의 죽음을 통해 자신을 되돌아보게 되는 원재훈 작가의 '네가 헛되이 보낸 오늘은 어제 죽은 이가 그토록 그리던 내일이다.'는 책 표제가 마음을 숙연케 한다.

만일 사형선고를 받고 집행일을 기다리거나 불치의 병으로 시한부 질병으로 몇일 남지 않았다면 삶을 어떻게 바라보고 남은 짧은 인생을 어떻게 살겠노라고 다짐할 수 있을까.

이 대답은 우리가 어떻게 살고 어떻게 살아가야 할지를 가장 명확히 말해주는 것이다.

매일 아침 눈을 뜨면 또다시 일상이 열리고 또 바쁜 일상에 묻혀서 그렇게 살아가는 것이 우리의 삶이고 인생이다.

그런데 우린 이런저런 이유로 감사를 잃었다.

아침에 눈을 뜨게 된 것도 축복이고 볼 수 있고 생각하고 고민할 수 있는 것도 축복이다.

걸을 수 있는 것도 축복이고 누군가와 밥을 먹을 수 있는 것도 축복이고 편히 쉴 수 있는 쉼의 공간이 있다는 것도 축복이지만 살아있다는 그 자체는 더 놀라운 축복이 아닐까?

일상의 기적이 주는 교훈

박완서 작가가 쓴 책 '일상의 기적'은 평소 까맣게 잊었던 일상의 감사를 일깨우는 글이다.

덜컥 탈이 났다.

유쾌하게 저녁 식사를 마치고 귀가했는데 갑자기 허리가 뻐근했다.

자고 일어나면 낫겠거니 대수롭지 않게 여겼는데 웬걸 아침에는 침대에서 일어나기조차 힘들었다.

그러자 하룻밤 사이에 사소한 일들이 굉장한 일로 바뀌었다.

세면대에 허리를 굽혀 세수하기 바닥에 떨어진 물건을 줍거나 양말을 신는 일, 기침을 하는 일, 앉았다 일어나는 일이 내게는 더이상 쉬운 일이 아니었다.

별수 없이 병원에 다녀와서 하루를 빈둥거리며 보냈다.

비로소 몸의 소리가 들려왔다.

실은 그동안 목도 결리고, 손목도 아프고, 어깨도 힘들었노라. 눈도 피곤했노라. 몸 구석구석에서 불평을 해댔다.

언제까지나 내 마음대로 될 줄 알았던 나의 몸이 이렇게 기습적으로 반란을 일으킬 줄은 예상조차 못 했던 터라 어쩔 줄 몰라 쩔쩔매는 중이다.

이때 중국 속담이 떠올랐다.

기적은 하늘을 날거나 바다 위를 걷는 것이 아니라 땅에서 걸어 다니는 것이다.

예전에 싱겁게 웃어넘겼던 그 말이 다시 생각난 건 반듯하고 짱짱하게 걷는 게 결코 쉬운 일이 아님을 실감하게 되었기 때문이다.

괜한 말이 아니었다.

아프기 전과 후가 이렇게 명확하게 갈리는 게 몸의 신비가 아니고 무엇이랴!

얼마 전에는 젊은 날에 윗분으로 모셨던 분의 병문안을 다녀왔다.

몇 년에 걸쳐 점점 건강이 나빠져 이제 그분이 자기 힘으로 할 수 있는 것은 눈을 깜빡이는 정도에 불과했다.

예민한 감수성과 날카로운 직관력으로 명성을 날리던 분이 그런 모습을 마주하고 있으려니 한때의 빛났던 재능도 다 소용없구나 싶어 서글픈 마음이 들었다.

돌아오면서 지금 저분이 가장 원하는 것이 무엇일까 생각해 보았다.

혼자서 일어나고 좋아하는 사람들과 웃으며 이야기하고 함께 식사하고 산책하는 등 그런 아주 사소한 일이 아닐까?

다만 그런 소소한 일상이 기적이라는 걸 깨달았을 때는 대개는 너무 늦은 뒤라는 점이 안타깝다.

우리는 하늘을 날고 물 위를 걷는 기적을 이루고 싶어 안달하며 무리를 한다.

땅 위를 걷는 것쯤은 당연한 일인 줄 알고 말이다.

사나흘 동안 노인네처럼 파스도 붙여보고 물리치료도 받아보니 알겠다.

타인에게 일어나는 일은 나에게도 일어날 수 있는 일이라는 것을.

크게 걱정하지 말라는 진단이지만 아침에 벌떡 일어나는 일이 감사한 일임을 이번에 또 배웠다.

건강하면 다 가진 것이다.

병원과 병원 밖은 백지 한 장 차이로 건강함과 건강치 못한 이분법으로 나뉜 삶이다.

질병으로 혹은 여러 가지 이유로 고통을 받고 아파본 사람만이 그 건강의 소중함을 알고 건강을 회복한 후에야 그 건강함에 감사를 알게 된다.

그러나 시간이 지나면 에빙하우스 망각곡선처럼 그 소중한 감사를 잊어버리는 게 인간이다.

날마다 벌어지는 감사 기적

만일 누가 자신에게 와서 두 눈을 1억에 팔라고 한다면 자신은 어떻게 할 것인가?

또 자신 심장을 1억 원에 팔라고 한다면 자신은 어떻게 할 것인가?

자신의 다리, 귀 그리고 자녀, 가족들을 과연 금전으로 환산할 수 있을까?

당혹스러운 이 질문에 대한 대답은 결코 쉽지 않다.

알리바바의 금은보화보다 더 많은 엄청난 부를 소유하고 있으면서도 어리석게도 우린 자신이 받은 축복의 대가와 그 진가를 깊이 아는 사람은 그리 많지 않다.

자신이 가진 것에 대해 조금밖에 생각하지 못하고 없는 것만 생각하는 것은 최대의 비극이 아닐까?

나 자신에게 없는 것은 생각하지 않고 그 대신 자기가 가진 것에 만족함으로 행복해지는 게 우리 인간이다.

없는 것을 마음 아파하거나 슬퍼하지 않고 가지고 있는 것에 감사하고 기뻐하는 사람이 지혜로운 사람이다. 라는 말이 공감이 갈까?

그러나 소소한 일상 속에서 벌어지는 일들을 한번 깊이 있게 생각해보면 우린 감사할 일이 얼마나 많겠는가.

오늘도 살아 눈을 뜰 수 있고 사랑스러운 가족들을 볼 수 있고 그리고 책을 읽을 수 있고 아름다운 음악을 들을 수 있고 마음 전달의 말을 할 수 있고 맛있는 음식을 맛볼 수 있고 맑은 공기를 마시며 사색하고 걸을 수 있고 할 수 있는 일을 가지고 있고 다정한 친구들이 있고 감사해야 할 고마운 사람들이 있고 이 모두가 날마다 열리고 벌어지는 감사이고 기적 같은 축복이 아니겠는가.

생각하고 말하고 믿는 대로

밀턴의 실낙원에서 나타난 인간은 본래의 성정을 잃고 결국 에덴에서 쫓겨난 존재가 되었다.

음양의 원리로도 1(일):∞(무한대)였던 것처럼 음의 세계가 지배하는 세상은 본질적으로 선한 것보다 악한 것에 더 관심이 많다.

예수님의 12제자 중 가룟 유다는 예수님으로부터 두터운 신임과 총애를 받았던 자였다.

그러나 사탄의 물질적 유혹인 생각과 판단을 이기지 못하고 자기를 사랑했던 스승을 은 30에 팔아 공회에 넘기게 된다.

무한대의 생각이 지배하는 음의 세계에서 패배한 그는 결국 스승을 배신한 죄책감에 시달리다 자결을 선택하고 비참한 최후를 맞는다.

가룟 유다의 생각과 선택의 몫도 바로 자신이었다.

말이 씨가 되고 말하는 대로 된다는 이야기는 이미 많이 들어와서 너무도 잘 알고 있다.

성경에서는 믿는 대로 된다고 기록되어있다.

바라는 소원의 말을 하고 그 말한 것을 믿는 건 자신이 소원하고 믿는 만큼만 이루어지게 되어있다.

예수님의 신뢰가 두터웠던 제자 가룟 유다의 상황을 보았듯이 부모님께서 지어준 좋은 이름을 가졌음에도 불구하고 그 이름의 뜻과 좋은 의미를 떠나 탐욕적 추구를 쫓다 이름값을 하지 못하고 처절하고 비참한 상황을 맞이하는 경우를 허다하게 보아왔다.

인간의 위대함은 그 사람의 생각과 판단에 따라 결정되며 자신이 하고 있는 일이 또한 자신이 판단하는 일이 어떠한 가치에 의해 결정하느냐에 따라 호불호(好不好)가 갈린다.

청중 앞에서 선 연사는 의사 전달을 위해 수없이 원고를 수정해가며 실전을 방불케 하는 연습을 거쳤을 것이고 작가는 한 권의 책을 내기까지 수없이 글을 갈아엎어야 하는 고된 수고의 가치를 작가 자신은 더 잘 안다.

그들 모두의 공통점은 청중과 독자의 마음을 얻겠다. 라는 생각과 믿음이 있었기에 훌륭한 연사의 연설이 독자의 마음을 얻은 유명 작가의 작품이 만들어진 것이다.

나는 어떤 존재인가?

인간의 탄생은 400조분의 1의 치열한 경쟁 속에 선택받아 태어난 유일무이한 존재다.
아버지로부터 받은 23개 염색체와 어머니로부터 받은 23개 염색체로 우린 만들어졌고 염색체 하나가 수십 내지 수백 개의 염색체로 이루어졌으며 그중 하나가 개인의 전 생애를 바꾸어 놓을 수 있을 만큼 인간은 불가사의한 존재다.

그런 존재인 자신은 부모님께서 특별함으로 또한 소중함으로 존재감을 부여해 주셨고 이름이란 걸 통해 자신인 임을 알려주셨다.
그 이름은 그냥 생각 없이 지루하고 똑같은 일상이나 반복하며 그냥 그렇게 살아가라고 지어준 이름은 분명 아닐 것이다.

자신의 인생을 관리하고 책임질 사람은 자기 자신밖에 없으며 인생의 가치를 더할 사람도 바로 자기 자신이다.

자신의 가치를 높이고 자아가 발전된 모습으로 인생의 변화를 시도하는 사람은 눈빛부터가 다르다.

많은 이들은 지금보다 더 나은 삶을 살 수 있을 거라는 믿음과 희망을 걸고 산다.
그럼에도 희망을 품은 자신의 잠재력이나 능력을 의심하고 자기 안에 숨어있는 놀라운 미지의 세계가 숨어있음을 알지 못하고 깨닫지도 못하는 사람들이 많다.
바로 잠재력의 원하는 것들이 그리 멀지 않은 곳에 있음을 모르고 살아가기 때문이다.

윌리엄 제임스는 우리 본래의 모습을 비교한다면 겨우 반쯤 깨어있을 뿐이며 우리가 그리는 그림은 미완성으로 남아있고 정신적 육체적 자원의 일부만을 사용하고 있을 뿐이라고 했다.

삶의 가치 있는 인생을 살기 위해선 무엇보다 자신의 특별함을 먼저 발견해야 한다.
태어날 때 많은 재능과 특별한 재주가 있게 태어난 건 그렇게 중요치 않다.
왜냐하면 각 사람에겐 각자가 가진 장점과 각자의 특별한 능력이 주어져 있기 때문이다.
아직도 숨겨져 있거나 발휘되지 못한 나의 훌륭함을 발견하라.
나의 나다움의 훌륭한 나를 발견하고 존재를 끌어가고 있는 내 이름 또한 존중해야 한다.

그리고 내가 추구하는 것과 자신을 드러낼 이름 뜻대로 이루어질 것을 믿는다면 아침마다 나의 어깨를 두드려주고 격려하며 자신의 존재를 힘차게 부르고 당당하게 확신하라.

그러면 그 깊은 의미의 목적하는 바를 두뇌와 정신을 소유한 자신이 반드시 인지해줄 것이다.

정성을 다해 만든 상품의 광고는 그 정성을 들인 만큼 그 정당한 대가를 받는 게 당연한 이치다.

좋은 명성만큼 좋은 광고는 없듯 훌륭한 기업인은 어떤 상황에도 절대로 자신의 명성과 이름을 더럽히는 일을 도모하지 않는다.

그건 자신의 명성과 이름이 자기를 알리고 대표하는 가치라는 걸 너무도 잘 알기 때문이다.

좋은 상품이 그 가치를 발휘하듯 좋은 이름 또한 그 가치에 따라 빛나게 된다.

나의 특별함을 늘 인식하고 늘 선포하는 건 자신을 더 사랑하고 자신을 높이는 일이 된다.

확신과 믿음의 말을 더 많이 하면 할수록 기하급수적인 효과를 경험하게 되고 이루고자 하는 뜻과 의미로 방향을 전환해줄 뿐만 아니라 자신감 있는 긍정으로 바꿔주기 때문이다.

그동안 나는 할 수 없다. 는 말을 해왔다면 앞으로 그렇게 되지 않길 원한다면 그런 단어와 말은 즉시 지우고 묻어라. 중요한 건 어디 있느냐가 아니라 어느 방향으로 향하고 있느냐가 더 중요하기 때문이다.

믿음의 결정에 따른 이름

나라는 존재로 구분되는 내 존재 이름은 두 개의 방향을 향해 움직이게 되어 있다.

하나는 불신 또 다른 하나는 확신이다.

어떤 것을 신뢰하는가에 따라 내 미래의 성공과 실패로 나뉜다.

행동은 감정을 따르는 것처럼 생각하고 있으나 실제로 행동과 감정은 동시에 작용한다.

응용심리학자 윌리엄 제임스는 의지보다 직접 지배하에 있는 행동을 규제함으로써 우리는 의지에 의해 직접 지배되고 있지 않은 감정을 간접적으로 규제할 수 있다고 말했다.

새 옷을 입으려면 입고 있던 헌 옷을 벗어야 하듯 헌 옷을 벗어 던지기 위한 결단이 필요하다.

그 결단은 자기 삶의 변화 원동력이 되고 삶의 발전을 가져오기 때문이다.

자신의 사고에 나를 스스로 보잘것없는 존재라고 여기고 살아가게 되면 여전히 나는 보잘것없는 존재가 될 것이고 존귀한 존재로 여기면 존귀한 존재로 살아가게 되어있다.

세상에 마음가짐만큼 중요한 건 없다.

자신이 세상에 어찌할 수 없는 인생으로 태어났다고 생각했는가 아니면 나는 그 어디에도 없는 특별함을 가지고 태어났다고 생각하는가.

이런 생각과 믿음은 그 생각과 믿음의 결정에 따라 현실로 바꿔놓는 안내자가 된다.

우리 생각과 마음은 궁극적으로 그러한 마음을 지배하는 본성에 따르게 되어있다.

믿음은 자기 암시에서 출발하며 유발되는 상태에 때론 놀라운 힘을 주기도 하고 때론 충동적 생각에 행동을 부여하기도 한다.

따라서 믿음은 풀리지 않는 수수께끼 같은 미스터리의 원천이기도 하다.

우리가 생각하고 믿는 그 신념은 실패를 치료하는 해독제이며 간절함과 결합하면 무(無)에서 유(有)를 창조하는 놀라운 능력의 원천이 되기도 한다.

자신이 바라고 확신하고 행동을 하는 것은 반드시 그럴만한 이유가 존재하기 때문이다.

나라는 존재를 어떻게 믿고 나의 이름에 담긴 의미를 어떻게 바라보는가에 따라 놀라운 시너지로 변화되고 자신의 삶을 새롭게 창조할 수 있다.

인간은 살아가는 동안 어떤 꿈을 가지고 무엇을 할 것인가 어떻게 살 것인가 하는 선택의 길에 놓일 때 나는 누구이고 또 어떤 사람으로 살아갈 건지도 선택을 해야 할 때가 있다.

그 결정은 나의 삶을 그 누구도 살아줄 수 없기에 바로 삶의 주체인 내가 결정해야 하기 때문이다.

모든 결정권과 방향을 향해 책임지고 행동하는 주체는 오롯이 자기 자신이다.

우린 나아질 길을 선택할 수도 있고 나빠질 길을 선택할 수도 있다.

우리가 풀이나 뜯어 먹기를 바라셨다면 조물주께선 우릴 소나 양으로 창조하셨을 것이다.

그러나 하나님은 동물처럼 본능에 따르지 않도록 이성의 판단력과 꿈을 주셨을 뿐만 아니라 그 꿈을 정복하고 다스리고 땅에 충만하며 위대한 능력까지도 발휘하도록 허락하셨다.

그리고 당신이 창조한 아담을 통해 모든 만물의 이름을 짓도록 특권을 부여하셨다.

아담이 모든 만물의 이름을 지어줌으로 인해 만물은 각자의 이름이 생겼고 그 가치와 의미가 부여되었다.

숨은 자신과 그 존재 회복

책임의 자리를 회피하고 꿈을 잃은 채 그냥 그렇게 무의미한 자유를 즐기고 살아가는 젊은 사자 심바에게 프라이랜드 국왕이었던 아버지 사자 무파사가 환영으로 나타나 심바에게 자신의 존재로 돌아올 것을 알려준다.

「심바! 너는 네가 누구인지를 잊었다.
너의 내면을 살펴보아라.
너는 지금 현재 이상의 존재다.」

아버지의 말을 신뢰하고 가슴에 새긴 심바는 자신의 존재를 다시금 깨닫고 확신하며 죽음의 세계를 넘나드는 동물의 왕국의 국왕 자리로 돌아와 꿈을 되찾게 되는 월드 디즈니 작 라이언킹 말미에 나오는 말이다.

나의 내면을 깊이 들여다보고 현재 이상의 존재 의미를 다시금 확인하고 돌아보자.
자신은 누구이며 어떤 가치와 의미로 그동안 존재해왔는가.
자신 이름이 호칭과 표식으로만 지금까지 존재했다면 깊이 들여다보라.
그리고 무언가 꺼림칙한 이름으로 살아왔다면 변화를 시도해보라.
존재감의 당당한 이름에 자존감을 부여한 꿈의 이름으로 살아갈 것인가 아니면 그 자존감과 먼 잠재력을 억제하고 꿈을 망각한 존재로 살아갈 것인가.

앞서 알아본 목표의 한자의 표(標)를 다시금 생각해 보자.
덮혀 있는 무언가로 자신을 발견하지 못했다면 지금이라도 그 덮힌 장애물을 걷어내고 그 존재를 성장시킬 수 있도록 새롭게 도전하길 권한다.

흑인 아빠와 엄마 사이에서 한 아이가 태어났는데 안타깝게도 아이가 글을 깨우치기도 전에 부모님이 이혼하게 되었다.
엄마는 아이를 데리고 인도네시아에 가서 살다가 다시 미국으로 돌아오려 했을 때 아이가 인종차별 때문에 혹 상처받지 않을까 염려가 되었다.
엄마는 아이에게 흑인차별에 대해 미리 이야기를 해주었는데 도리어 아이는 누구도 차별받지 않고 모두가 잘살게 해주는 그런 사람이 되고 싶다며 큰 꿈을 품게 된다.

아이는 엄마와 함께 미국으로 돌아와 처음으로 아빠를 만나게 된다.

아이의 아빠는 엄마와 아이에게 극심한 인종차별을 견딜 수 없으니 자신의 고향인 아프리카로 함께 돌아가기를 권한다.

아이는 아빠의 뼈아픈 그 말을 가슴에 담고 흑인차별 하는 백인들을 향한 반항심을 품고 방황하기 시작한다.

아이는 성장하여 대학에 입학한 후에도 심각하게도 그 적대적 반항심은 더해갔다.

그러던 어느 날 친구로부터 이런 말을 듣게 된다.

너 자신이 누구야? 그렇게 방황하는 시간에 차라리 너를 발전시키는 데 더 신경 쓰는 게 어때? 라는 말을 듣는 순간 아이는 자신의 존재 앞에서 정신이 번쩍 들었다.

내가 지금 무엇을 하고 있는 거지?

그동안 까마득히 잊고 살았던 어린 시절 자기와 자기 자신이 약속했던 그 꿈이 생각났던 것이었다.

누구도 차별받지 않고 모두가 잘살게 해주는 그런 사람이 되고 싶다고 했던 그 꿈이었다.

온통 다른 생각으로 시간을 보냈던 자신을 돌아보며 그는 그 꿈을 이루기 위해 뒤처진 공부에 몰두하기 시작을 한다.

그 꿈의 중심에 약하고 소외된 사람들이 차별받지 않도록 또한 그들을 돕기 위해선 법을 알아야겠다는 생각에 하버드대학교 로스쿨에 입학했고 그 후 졸업하고 더 노력하여 헌법을 가르치는 교수가 되었다.

그의 꿈은 거기서 그치지 않았다.

어려서 품었던 모든 이들이 차별받지 않는 그런 좋은 세상을 만들기 위해 정치에 입문하고 그 이후 상원의원이 된다.

그의 올곧고 바른 생각들은 모든 이들로부터 감동을 주게 되었고 미국 국민은 인종을 넘어 장차 이 나라를 이끌어갈 훌륭한 인물임에 확신하고 그를 대통령으로 선출하게 된다.

바로 그가 미국 최초의 흑인 대통령 버락 오바마이다.

꿈을 담은 이름 괜찮나?

질문/ 잘 지은 이름일까?

어느 집안에 두 돌이 지난 아들 밑으로 이번엔 예쁜 여자아기가 태어났다.

엄마와 아빠는 첫째아들 준석이를 주석처럼 뛰어난 인물이 되길 바라며 이준석(李俊錫)으로 지었고 이번에 태어난 예쁜 딸 이름은 지혜롭고 밝게 자라라고 이지윤(李智昀)이라는 이름을 짓기로 했다.

부부는 아들과 딸의 이름을 잘 지었을까?

보편적으로 아이의 이름을 부를 때 지어진 한자의 의미를 생각하고 부르지는 않는다.
그냥 ○○야! 하고 부르기 때문이다.
진지하게 깊이 생각하고 의미를 담아 지어준 이름 그러나 부르는 우리 이름이 한글 오행 원리로부터 우리 삶 가운데 직·간접 영향을 주고받는 걸 아는 사람은 그리 많지 않다.

공교롭게도 원리를 잘 몰랐지만 뜻과 의미뿐만 아니라 오행의 원리에도 걸림돌이 되지 않도록 지어진 이름이라면 더할 나위 없이 훌륭하다.

한자 뜻과 의미로 잘 지었다 하더라도 우리가 사용하고 부르는 한글의 자음과 오행 원리를 분석하여 지어야 건강하고 좋은 이름이 되기 때문이다.

풀이/ 두 자녀 이름분석

첫째인 이준석은 성씨와 이름 첫 자가 (土生金)으로 상생이다.

그렇다면 이름 첫 글자와 마지막 글자는 반드시 서로 상생이 되도록 짓고 뜻과 의미를 부여하는 한자 이름을 얹어야 맞다.

그러나 이준석의 이름 첫 글자 준 과 마지막 자 석 은(火剋金)과 (金剋木)으로 극을 이루고 있다.

따라서 아무리 좋은 뜻의 한자 이름으로 지었다 하더라도 성과 이름이 극을 받은 원리로 인해 안 좋은 이름이라고 볼 수 있다.

둘째인 이지윤은 성씨와 이름 첫 자가 (土生金)으로 상생이다.

이름 첫 글자와 마지막 글자는 반드시 서로 상생이 되도록 짓고 뜻과 의미를 부여하는 한자 이름을 얹어야 맞다.

성의 이와 이름 첫 글자 지가 상생이고 이름 첫 글자인 지와 마지

자 윤도 (土生金)의 상생이며 마지막 자 받침도 ㅇ(土)과 ㄴ(火)의 (火生土)로 성과 이름 모두 상생이라 괜찮다.

깊이 있게 에너지 분석을 풀이하진 않았으나 둘째 아이는 부부의 생각과 뜻을 담아 한자 의미를 얹었으므로 좋은 이름으로 볼 수 있다.

성취의 차이 간절함의 차이

모든 것이 그렇듯 우리는 목표와 목적이 빠른 속도로 이루어 지길 소원하고 바랜다.
꿈이나 좋은 이름의 기대효과가 속히 나타나길 기다리는 건 누구에게나 동일하다.
꿈을 시각화하고 반복적으로 이름을 되뇌이고 부르는데 그럼 과연 그 결과는 언제쯤 나타날까?

말콤 글레드웰이 저술한 아웃라이더 에서는 어떤 분야에서 경지에 오르기 위해선 적어도 1만 시간 이상은 투자해야 한다는 1만 시간의 법칙이 있다.
인디언 속담에도 2만 번 말하면 그 말이 이루어진다고 한 것처럼 정해진 시간과 횟수로 목적달성이 되면 얼마나 좋겠는가?

하지만 인간의 주어진 정량과 자연의 정량이 정해져 있지 않은 까닭은 공평의 법칙 때문이다.
사람마다 장점과 단점이 다르고 세상에 같은 인간이 단 한 명도 없는 것처럼 개인에 따라 다 다르기 때문이다.

따라서 모든 것을 정량화된 시간의 잣대로 재는 것은 바람직하지 않다.

정량화를 언급하는 것은 추측과 추정일뿐 공식 같은 것을 믿는 것 또한 어리석은 일이다.

다만 성취의 차이이고 간절함의 차이이다.

얼마만큼 그 목적에 간절하고 얼마나 그 목표에 목말라 있는지에 주목을 해야 한다.

목표와 목적달성을 위해 시간을 당길 수 있는지 그 방법은 얼마든지 가능하다.

그건 그것에 대한 강한 믿음과 간절함에 대한 크기이기 때문이고 그 크기를 믿고 갖는 만큼 바라는 목적과 목표를 끌어당김 법칙에 의해 당겨올 수 있기 때문이다.

자신의 의미 있는 이름을 자신의 꿈을 현재 이상으로 끌어올 수 있도록 믿는 믿음의 크기가 핵심이다.

자신을 현재 이상의 존재로 여긴다면 발전 가능성을 절대적으로 신뢰하고 자신과 자신 이름 그리고 능력의 한계를 시험해보라.

존재와 그 존재의 가치에 부여된 자신의 이름에 만족하는지 아니면 불 만족하는지 한번 깊이 있게 재평가해 보고 더 나아지길 바란다면 반드시 변화를 가해보라.

자신 삶의 이름을 정확히 분석하는 건 자신의 삶을 개척하는 첫걸음이다.

아브람에서 아브라함으로 바뀌며 그의 삶과 꿈이 바뀌었고 그의 인생 모두가 완전하게 달라졌다.

좋은 이름으로 살아가는 건 자신의 가치를 더욱 빛나게 하는 것이다.

좋은 이름을 가졌다면 그 이름을 부여하신 부모님께 감사하고 그 이름의 위대한 가치를 부여하여 확신하고 힘차게 선포하라.

그 이름의 성취를 절대적으로 믿고 바란 만큼 결과는 반드시 축복으로 돌아오게 되어있다.

자신 이름 안에 숨겨진 놀라운 의미가 당신이 생각하는 대로 원하는 그대로 꿈과 미래로 인도할 것이다.

그게 바로 당신을 당신 부모님이 그런 인물이 되도록 꿈꾸며 그토록 바라고 원하던 소원의 이름이었다.

당신은 이 지구상에 딱 하나밖에 없는 존재이고 사랑받기 위해 태어난 귀중한 사람이라는 걸 믿는다면 자신은 가장 고귀하고 가치 있는 존재와 그 존재 이름으로 살아가는 그 꿈을 이룰 존재이기 때문이다.

광야! 정금의 단련 경로였다

사뭇 다른 학문에 미친 듯이 집중하고 정리하고 남다른 열정으로 도전하기 위해 프로젝트 지원서 들고 이곳저곳 문을 두드렸지만 문턱을 넘기엔 결코 쉽지 않았다.

순탄한 길을 벗어나 새로운 길을 선택하고 도전하는 데엔 두려움도 있었지만 끈기 있게 여기까지 올 수 있었던 건 뒤늦은 늦깎이의 가슴 설레는 꿈 때문이었다.

이런저런 이유로 거절 받고 퇴짜 맡고 때로는 의구심이 들 정도로 실망감이 앞서고 갈등도 했지만 과감하게 생각들을 정리했다.
어떤 목적을 달성하기 위해 시도했는데 그 결과를 얻지 못했어도 시도하지 않고 안주하는 것보단 훨씬 낳았다.

어떤 일이든 시행착오와 고된 과정 없이 완성해 낸다는 건 결코 없다고 믿는다.
수없이 고치고 수정하고 실패하고 도전하고 실전을 방불케 하는 고단한 시간들로 인해 꿈은 더 견고케 되고 든든히 서가는 필수요건임을 철저히 깨달았다.

정상의 자리까지 간다는 건 반드시 광야를 거쳐야 하며 그건 결코 우연이 아닐 것이다.

타는 목마름과 열정과 확신만 있다면 모든 걸 극복할 수 있으며 위로하고 격려해주는 스스로 때문에 정상은 그리 멀지 않다고 여긴다.

Practice makes perfect (연습이 완벽을 낳는다)는 말이 좌우명이 되었고 간판을 쳐다보고 자동차 번호판을 쳐다보고 미친 듯이 이 이름 저 이름을 기웃거리고 응시하던 지난 시간 들은 내가 할 수 있었던 최선의 목표였고 삶의 일부였다.

많은 새벽을 맞이하며 보낸 날들은 결코 헛되지 않은 보람된 시간이었고 꿈으로 다가가는 신뢰와 확신의 경로였다.

많은 양서들 속에 만난 작가들의 위대한 정신은 나의 부족함을 깨우치고 일으켜 세우는 지침서였고 디딤돌이었으며 여전히 부족함을 채워야 할 지적(知的) 지식 앞에 진심으로 고개 숙인다.

모진 폭풍우가 지나가면 저 건너편 아름다운 오색 무지개를 볼 것이다. 나의 가는 길을 오직 그가 아시나니 그가 나를 단련하신 후에는 내가 정금 같이 나올 것을 믿고 의지하며 부족한 나를 사랑하신 하나님께 이 모든 영광을 돌린다.

● 참고문헌

단행서적

2006 네가 헛되이 보낸 오늘은 어제 죽은 이가 그토록 그리던 내일
   이다/ 원재훈, 문학동네

2011 왓칭(WATCHING) 신이 부리는 요술/ 김상운, 정신세계사

2013 갈매기의 꿈/ 리처드 바크, 최종길, 민중출판사

2022 메타인지를 깨우면 공부머리가 트린다/ ㈜비상교육, 김민아

2016 초스피드 에너지 성명학/ 인드라 조세연, ㈜ 북랩

2017 1루에 발을 붙이고는 2루로 도루할수없다/ 버크 헤지스, 박
   옥, 도서출판 나라

2018 인문학을 하나님께/ 한재욱, 규장

2013 양자의학 새로운 의학의 탄생/ 강길전, 홍달수/돋을새김

2010 상상력에 엔진을 달아라/ 임현우, 나남

2012 마음을 비우면 얻어지는 것들/ 김상운, 21세기북스

1975 韓範洙 大笒 散調譜/ 韓範洙, 民學社

2008 아버지도 천재는 아니었다/ 김상운, 명진출판사

2020 결국 해내는 사람들의 원칙/ 엘런 피즈, 바바라 피즈, 이재경,
   반니

2009 당신의 소중한 꿈을 이루는 보물지도/ 모치즈키 도시타카, 은
   영미

2017 길을 찾는 사람/ 조정민, 두란노

2020 간절히 원하면 이루어진다/ 우에니시 아키라, 이정환, 창작시
대사

2019 왈성작명학/ 일초도사. 세계작명협회

2018 감사가 긍정을 부른다/ 김영체/ 더로드

2008 청소년 긍정의 힘/ 조엘 오스틴, 한은경, 두란노

2019 빅 포텐셜/ 숀아처, 박세연, 청림출판

2021 꿈 내비게이션/ 오영근, 한금실, (주)국일 미디어

2005 네 안에 있는 최고를 발견하라/ 김중근, 도서출판 엣즈

2018 굿 라이프 내 삶을 바꾸는 심리학의 지혜/ 최인철, 21세기
북스

2015 이것이 SQ다/도서출판 세종문화, 글로벌SQ연구소

2019 꿈을 이루는 녹음의 비밀/ 일초도사, 김조운 공저, 북랩

2019 100세시대 건강행복 장수는 뇌가 좌우한다/ 정영진, 고광운,
산남교육

방송자료

2010 대구MBC 방송 우리이름 가는 길을 묻다

신문자료

2023 어제보다 행복하기 공짜세상/ 서은훤, 천지일보

정보자료

m.post.naver.com/tjsdnr323

m.post.naver.com〉my.naver

m.youtube.com/James video

m.blog.naver.com/freedove

blog.naver.com〉wdg0382

www.ikoreanspirit.com.news

과학 science soma−harmony

Naver namu. wike〉

www.aladintalk.com

www.youtube.com/알지톡

youtube.com/34rpEMpbXks

www.nbntv.co.kr〉 news

SNS 정보

한국최면심리치유연구소

초판 1쇄 발행 2023. 9. 20.

지은이 우대건
펴낸이 김병호
펴낸곳 주식회사 바른북스

편집진행 박하연

등록 2019년 4월 3일 제2019-000040호
주소 서울시 성동구 연무장5길 9-16, 301호 (성수동2가, 블루스톤타워)
대표전화 070-7857-9719 | **경영지원** 02-3409-9719 | **팩스** 070-7610-9820

•바른북스는 여러분의 다양한 아이디어와 원고 투고를 설레는 마음으로 기다리고 있습니다.

이메일 barunbooks21@naver.com | **원고투고** barunbooks21@naver.com
홈페이지 www.barunbooks.com | **공식 블로그** blog.naver.com/barunbooks7
공식 포스트 post.naver.com/barunbooks7 | **페이스북** facebook.com/barunbooks7